BUDAPEST

BUDAPEST rien que pour vous

Promenade dans la roseraie de l'île Marguerite ou lèche-vitrines sur l'avenue Andrássy ? La « reine du Danube », longtemps plongée dans un profond sommeil, se pare aujourd'hui de ses plus beaux atours pour devenir la nouvelle star de vos week-ends ! Et même si Budapest n'est pas sans rappeler Vienne ou Prague – puisqu'elle a été en partie bâtie sous l'impulsion des mêmes monarques – elle est unique en son genre !

Unique mais… double ! Côté ouest, la sage Buda porte son Palais royal comme un diadème, entre la colline aux Roses et le mont Gellért. Côté est, c'est Pest, le centre administratif et trépidant de la capitale hongroise. Entre les deux coule le Danube, un fleuve majestueux dont les méandres se perdent au loin vers la mer Noire. Pour embrasser le tout (Buda + Pest), il suffit de monter à la Citadelle : le panorama, superbe, est inscrit au patrimoine de l'Unesco. Et si vous commenciez par laisser votre stress au vestiaire du Széchenyi, dont les bains se font si felliniens à l'heure où le vent frais, encore chargé de flocons de neige, attise les nuages de vapeur ? Vous iriez ensuite vous jeter sur les délices d'un *kávéház* où, tout en buvotant un café au miel, cannelle et crème fouettée, vous pourriez feuilleter le programme de la semaine… Non, vous ne rêvez pas : il y a ici 2 opéras, 4 orchestres symphoniques, 40 théâtres, près de 80 musées, 90 galeries d'art, 100 salles de cinéma, sans parler de tous les lieux détournés qui devraient, avec leurs soirées expérimentales, vous dépayser en un clin d'œil. Et vous prouver que Budapest n'est pas une morne cité perdue aux confins de la *puszta* (la steppe hongroise)… mais l'une des plus jolies perles d'Europe centrale.

Dans les coulisses **du guide**

Vous avez entre les mains la dernière édition de notre guide. Et dernière édition, ça veut dire quoi ? Depuis plus de quinze ans que la collection existe, nous envoyons, systématiquement, un **auteur** sur place, à chaque nouvelle édition. Sa mission ? Dénicher de nouvelles adresses, flairer les tendances, être à l'affût des quartiers qui bougent, bref vous livrer le meilleur de la ville.
Et pour les photos, c'est la même chose. Nous avons une équipe de **photographes** qui se charge de réaliser des reportages sur mesure et dédiés uniquement à la collection.

Un Grand Week-end à Budapest **sur Facebook**

Retrouvez-nous sur Facebook ! Nous partageons au fil des jours les toutes dernières adresses, nos photos coups de cœur, les événements à ne pas manquer, les trucs et astuces qu'il faut connaître, et surtout nous répondons à toutes vos questions.
Avec *Un Grand Week-end,* vous ne voyagerez plus jamais seul…

www.facebook.com/GuidesUnGrandWeekend

Calendrier des événements

Pour vous permettre de mieux ajuster les dates de votre voyage et vous donner un petit aperçu de l'effervescence qui règne dans la capitale hongroise, voici quelques-unes des festivités qui vous y attendent. Le programme est ultra-chargé, de mai à septembre surtout !

Mars

Festival de Printemps

À inscrire sans faute sur votre agenda : le plus prestigieux festival artistique de toute la Hongrie. Créé en 1981, il offre durant les deux dernières semaines de mars un programme qui devrait donner le tournis, même aux plus exigeants. Sa directrice, en effet, ne ménage pas ses efforts pour inviter les orchestres philharmoniques d'Europe centrale, la chanteuse de musique traditionnelle Márta Sebestyén, le violoniste Maxim Vengerov ou le chef d'orchestre indien Zubin Mehta.

www.btf.hu

Avril

Pâques à Skanzen

Le week-end de Pâques (*Húsvét*), l'écomusée de Szentendre (p. 45) renoue en musique et en danse avec les fêtes traditionnelles des campagnes hongroises : décoration des œufs (*tojásfestés*), chasse au trésor, défilé des jambons sans oublier le moment très attendu de la *locsolkodás*, quand les garçons aspergent d'eau les filles !

www.skanzen.hu

Festival des « maisons de danse »

Deux jours durant, à la mi-avril, la *Táncháztalálkozó* (« rencontre des maisons de danse ») met la danse traditionnelle à l'honneur avec les meilleurs groupes du bassin des Carpates.

www.tanchaztalalkozo.hu

Mai

Múzeumok Majálisa

C'est la « kermesse » des musées ! Le deuxième ou troisième week-end de mai, les jardins du Magyar Nemzeti Múzeum (voir p. 38) accueillent grands et petits musées du pays. Animations, vente de catalogues, artisanat…

www.majalis.hu

Festival de la *pálinka*

À Budapest, l'eau-de-vie (*pálinka*, voir p. 113) a droit à son festival ! Mi-mai, le Városháza Park, situé derrière l'Hôtel de Ville (I8), accueille 4 jours durant une trentaine d'exposants et l'entrée (2 000 Ft) donne droit à deux dés à coudre du poiré de l'année.

www.budapestipalinkafesztival.hu

Juin-juillet

Carnaval du Danube

À la mi-juin se déroule le *Duna karnevál* avec danses et musiques traditionnelles hongroises (à Margitsziget et place Vörösmarty).

www.dunakarneval.hu

Nyári Fesztivál (Festival d'été)

Théâtre, opérettes, comédies musicales et ballets alternent sur les deux scènes en plein air de la ville (à Margitsziget et Városmajor).

www.szabadter.hu

Côté sports

- Fin juillet, le circuit automobile Hungaroring accueille le Grand Prix de Formule 1 (**www.hungaroring.hu**).
- En septembre, le Semi-marathon de Budapest part du Bois-de-Ville et passe par l'avenue Andrássy.
- En octobre, c'est le marathon « Plus » qui attend votre inscription (**www.budapestmarathon.com**) !

Août

Sziget-Festival

Le « Woodstock » hongrois (voir p. 124) qui s'installe chaque été sur l'île d'Óbuda est devenu en vingt ans le plus grand événement musical d'Europe centrale : 12 000 m² de stands et chapiteaux, 400 000 festivaliers et une super programmation qui cultive sans complexe le mélange des genres.

www.sziget.hu

Journées baroques

Le 2e w.-e. d'août, le château de Gödöllő (voir p. 46) revit au temps de son fondateur, Antal Ier Grassalkovich. Au menu : danses, concerts et spectacles équestres.

www.kiralyikastely.hu

Fête de l'artisanat

Entre le 16 et le 24 août se tient, dans l'enceinte du Palais royal, une foire qui conjugue démonstrations artisanales et vente de produits du terroir. On y trouve de tout, et pour une fois pas forcément le pire !

www.nesz.hu

Le 20 août

Fête en l'honneur de saint Étienne Ier, fondateur et premier souverain de la Hongrie, avec feu d'artifice depuis le Danube.

Festival d'art juif

Un régal pour les amateurs de musique klezmer ! En prime : des films, des expos, de la danse et de bons petits plats.

www.zsidonyarifesztival.hu

Septembre

La Foire du vin

Quand les vignerons du Tokaj, de Transdanubie et d'Eger se donnent rendez-vous au château de Buda... Vente aux enchères et fête des vendanges sur fond de musique et de dégustations.

www.aborfesztival.hu

Les Journées du patrimoine

Le 3e week-end du mois, la Banque nationale de Hongrie, la mairie de la région de Pest, la bibliothèque de l'Université, etc., ouvrent leurs portes au grand public.

www.oroksegnapok.hu

Octobre

Festival d'Automne

Pleins feux sur la création contemporaine, avec des performances, du théâtre, de la danse... Le Budapest d'aujourd'hui s'offre à vous !

www.cafebudapestfest.hu

Décembre

L'Avent

Ambiance vin chaud et pain d'épices : c'est le temps du marché de Noël sur la place Vörösmarty, des « 30 sapins » au château de Nagytétény et des concerts au château de Gödöllő.

Le 31 décembre

Concert du Nouvel An à l'Opéra, dîner de gala préparé par les mitrons de Gundel (voir p. 79) et bal de la Saint-Sylvestre, pour clore l'année en beauté.

Expositions temporaires

Pour connaître le programme des expositions temporaires (*kiállítások*), vous pouvez consulter le site de l'office du tourisme de Budapest **(www.budapestinfo.hu)** ou les sites suivants :

- Magyar Nemzeti Galéria (galerie nationale hongroise, voir p. 10) : **www.mng.hu**
- Budapesti Történeti Múzeum (musée d'Histoire de Budapest, voir p. 11) : **www.btm.hu**
- Néprajzi Múzeum (musée ethnographique, voir p. 27) : **www.neprajz.hu**
- Mai Manó Ház (Maison de la Photographie, voir p. 29) : **www.maimano.hu**
- Terror Háza (Maison de la Terreur, voir p. 30) : **www.terrorhaza.hu**
- Szépművészeti Múzeum (musée des Beaux-Arts, voir p. 33) : **www.szepmuveszeti.hu**
- Műcsarnok (halle des arts, voir p. 35) : **www.mucsarnok.hu**
- Magyar Nemzeti Múzeum (Musée national hongrois, voir p. 38) : **www.mnm.hu**
- Iparművészeti Múzeum (musée des Arts décoratifs, voir p. 39) : **www.imm.hu**
- Nagytétényi Kastélymúzeum (château de Nagytétény, voir p. 61) : **www.nagytetenyi.hu**

10 expériences uniques

1 Prendre de la hauteur

Montez à l'assaut du Gellérthegy (p. 16) ! Il vous réserve un sublime panorama que l'Unesco a inscrit sur sa liste des sites du patrimoine mondial. Un autre belvédère ? Várdomb (p. 45) !

2 S'offrir un fleuve en tramway

Laissez-vous bringuebaler le long du Danube ! Du tram, vous ne verrez pas ses méandres se perdre au loin vers la mer Noire mais le travelling a du charme, surtout au coucher du soleil (p. 133)…

3 Jouer aux échecs dans les eaux chaudes

Eh oui, cela se fait ! Aux bains Széchenyi (p. 33), on barbote, on pratique l'aquagym, on transpire dans les vapeurs de camomille et on dispute… d'interminables parties d'échecs.

4 Se jeter sur les délices d'un *rétes*

Le jeu consiste à comparer les mérites respectifs des cafés. Un sport d'autant plus irrésistible qu'à Budapest, ils sont souvent aussi beaux que leurs gâteaux. Alors, Bookcafé (p. 78) ou New York (p. 87) ?

5 Chiner sur fond de musique tzigane

Pour étrenner votre nouvelle paire de *Tisza* (p. 95), rien de tel qu'une tournée des marchés aux puces de Pest ! L'Ecseri piac (p. 106) est le plus vaste… capharnaüm d'Europe centrale !

6 Respirer l'air de la guerre froide

Un vieux labo de recherches longtemps classé secret militaire se terre dans les grottes du Várnegyed (p. 15). Visitez-le : entre masque à gaz et chambre de décontamination, frisson garanti !

7 Fouler les caves de la police secrète

Installée dans l'effroyable Q.G. des Croix fléchées et de l'ÁVO, Terror Háza (Maison de la Terreur, p. 30) est un musée controversé mais poignant, qui lève le voile sur de sombres pages de l'histoire.

8 Siroter un *fröccs* dans un bar de ruines

Un *fröccs* ou un bock de limonade, peu importe ! L'essentiel, pour que la magie opère, c'est de se laisser porter par la foule du samedi soir. Commencez par le Szimpla Kert (p. 122) !

9 Chalouper à fond de cale

Vous n'avez jamais dansé à bord d'un cargo ukrainien ? Avec l'A38 (p. 125), amarré au pied du pont Petőfi, vous pourrez vite combler cette lacune : c'est LE hotspot de la scène pop hongroise !

10 S'éclater en maillot de bain…

… et en tongs ? Dit comme ça, ça fait un peu peur, mais c'est la tenue de rigueur aux soirées Sparty et autres *raves* aquatiques de Budapest – la plus débridée de vos expériences uniques (p. 122) !

Un grand week-end sur mesure

Première fois à Budapest ?

Pour ne rien rater des incontournables de Budapest, suivez notre programme ! Ce guide vous propose quatorze visites réparties à travers la ville et deux autres balades pour découvrir, à moins d'une heure du centre, le meilleur des environs. À choisir en fonction de vos goûts et du temps dont vous disposez…

JOUR 1 : promenade matinale dans **Úri utca** (p. 14) et autres charmantes rues du **Várnegyed** (quartier du Château, p. 12), suivie d'une séance « peintures de plein air » à la **Magyar Nemzeti Galéria** (p. 10). Il fait beau ? Le funiculaire (*sikló*) vous dépose sur les quais du Danube d'où vous pouvez rallier, en tram 19 ou 41, la piscine à vagues du **Gellért** (p. 17). Sinon, faites un tour au **Vásárcsarnok** (p. 107), au **Magyar Nemzeti Múzeum** (p. 38) ou à la **Dohány utcai Zsinagóga** (p. 36) ! Vous aurez tout loisir, ensuite, de flâner dans les rues de **Belváros** (p. 22).

JOUR 2 : vous n'avez pas prévu de petit déjeuner à l'hôtel ? Offrez-vous deux bonnes heures aux **bains Széchenyi** (p. 33) puis un solide brunch chez **Gundel** (p. 79) avant de visiter le **Szépművészeti Múzeum** (musée des Beaux-Arts, p. 33) ! Après quoi, balade à pied jusqu'à la **Terror Háza** (Maison de la Terreur, p. 30) ! De là, vous n'êtes plus qu'à deux stations de métro de l'**Operaház** (Opéra, p. 29) et des **« bars de ruines »** d'Erzsébetváros (p. 122). Au choix !

JOUR 3 : faites un saut à la **Szent István bazilika** (basilique Saint-Étienne, p. 28) et un crochet par la **Posta-takarékpénztár** (Caisse d'Épargne de la Poste, p. 27) avant de gagner l'**Országház** (Parlement, p. 27) et le **Néprajzi Múzeum** (p. 27). Ensuite ? Remontez la **Falk Miksa utca** – la rue des antiquaires (p. 104) – et prenez le tram 4 ou 6 ! Vous pourrez plus facilement panacher vos envies : lèche-vitrines au **Westend** (p. 103) suivi d'un tour au **Iparművészeti Múzeum** (musée des Arts décoratifs, p. 39). À Boraros tér, le tram 2 vous conduit tout droit à la salle de concerts du **MűPa** (Művészetek Palotája, p. 41 et 126). Une autre option pour finir en beauté ? **Dunakorzó** (p. 25) et ses jolies vues au coucher du soleil…

Déja venu ?

Vous connaissez déjà bien Budapest ? Prenez le train HÉV pour visiter le village de Szentendre, son tout récent **Ferenczy Múzeum** (p. 44) et **Skanzen,** (écomusée, p. 45) ! Faites un saut à **Nagytétény** (p. 61) ou à **Gödöllő** : le château cher à Sissi a retrouvé son décor de stucs dorés (p. 46) ! Vous préférez rester en ville ? Le cœur de Buda ne vous a peut-être pas encore livré tous ses secrets car le **Sziklakórház** et le **palais De La Motte-Beer** (p. 15) ne sont ouverts au public que depuis 2008 et 2014. Les **bains Veli Bej** (p. 20) et la **Pesti Vigadó** (p. 126) viennent d'être brillamment restaurés et il y a un nouveau marché aux puces, **Bakancsos utcai piac,** dans le XVIIe arrondissement (p. 107)…

Voir plan détachable B4 et zoom G8/H8

Le Palais royal, un dédale de musées

Il y aurait beaucoup à dire sur le Palais royal, cette grosse pièce montée à multiples facettes qui trône sur l'éperon sud de la colline de Buda. Bâti grâce aux largesses du roi Sigismond, remanié sous le règne des Habsbourg, il n'a jamais retrouvé son caractère originel après les bombardements de 1945 qui l'ont réduit en miettes. Qu'importe : il abrite aujourd'hui d'innombrables trésors, dont la Galerie nationale, la plus grande collection d'art de Hongrie.

❶ Várpalota kapuja*

(Portail du Palais royal)
Szent György tér.

Les grilles du grand portail, décorées de motifs floraux et du monogramme de François-Joseph, offrent une belle illustration des prouesses techniques que le ferronnier Gyula Jungfer réussit à accomplir au début des années 1900. Grâce à lui, Budapest est devenue la capitale européenne du *kovácsoltvas* (fer forgé). Autre exemple notable de grille signée Jungfer : le **Szabó Ervin könyvtár** (p. 38).

❷ Magyar Nemzeti Galéria***

(Galerie nationale)
Palais royal (bât. A, B, C, D)
☎ 06 1 201 9082
www.mng.hu
Mar.-dim. 10h-18h
Entrée plein tarif : 1 400 Ft
Voir « Pour en savoir plus » p. 48.

La Galerie nationale concentre tous les chefs-d'œuvre de la peinture hongroise : il y a là de précieux retables du gothique tardif, des paysages d'orage dans la *puszta* (« steppe »), de charmantes scènes villageoises et des compositions plus poignantes, que l'on ne manquera sous aucun prétexte, comme *L'Interrogatoire* de László Pataky (1897) ou *Garçons lançant des cailloux au bord du Danube* de Károly Ferenczy (1890).

3 Budapesti Történeti Múzeum**

(Musée d'Histoire de Budapest)
Palais royal (bât. E)
☎ 06 1 487 8800
www.btm.hu
Mar.-dim. 10h-18h (16h l'hiver)
Entrée plein tarif : 2 000 Ft.

La visite du musée d'Histoire de Budapest permet de se faire une idée plus précise de la capitale et du mode de vie de ses habitants, depuis les grandes migrations jusqu'aux années Kádár, à travers une multitude de documents (carreaux de poêle, faïence turque, mobilier, photos, projets d'urbanisme, affiches, etc.). Ne manquez pas les fameux « play-boys du XIVe s. » : ces statues de chevaliers en tenue de cour sont les plus belles du gothique hongrois...

4 Országos Széchényi Könyvtár***

(Bibliothèque nationale hongroise)
Palais royal (bât. F)
☎ 06 1 224 3745 (résa. visite)
www.oszk.hu
Mar.-sam. 9h-20h (f. mi-juil.-fin août)
Entrée plein tarif : 800 Ft.

Les touristes pressés quittent souvent le Palais royal sans avoir jeté un œil sur l'aile F ! C'est dommage car elle abrite la Bibliothèque nationale hongroise, fondée en 1802 par le comte F. Széchényi. Bien sûr, ses 2 millions d'ouvrages ne sont pas en accès libre mais la salle

de lecture se visite sur r.-v. Pour 120 Ft, on peut même y acheter une carte postale de l'un des précieux manuscrits enluminés du roi Mathias (p. 49).

5 Sándor palota*

(Résidence officielle du président de Hongrie)
Szent György tér 1-2
Visite uniquement lors des Journées du patrimoine (p. 5).

Le **palais** néoclassique **du comte Sándor,** qui fut la résidence du Premier ministre hongrois de 1867 à 1944, vaut surtout pour la vue plongeante qu'il ménage, à l'arrière, sur le Danube et sur la cité de Pest. De là, en effet, le regard embrasse à la fois l'île Marguerite (voir p. 42) et la faculté d'économie. C'est encore plus grandiose en soirée, lorsque la ville s'illumine.

6 Nemzeti Táncszínház**

(Théâtre national de danse)
Színház utca 1-3
☎ 06 1 201 4407
www.dancetheatre.hu

C'est ici, dans le beau théâtre du château, aménagé à l'intérieur d'une église carmélite, que l'on a donné pour la première fois une pièce en hongrois. C'était le 5 octobre 1790. Avant, les acteurs jouaient toujours en... allemand. Aujourd'hui, plus de problème de langue : le Várszínház est devenu le temple de la danse ! Doté d'un auditorium de 252 places (l'ancienne église), d'une scène plus intime (le réfectoire des carmélites) et d'une salle en plein air

Andrea Lippai

(la cour du couvent), il est en train de se tailler une solide réputation avec un programme riche et varié qui devrait ravir autant les fans d'entrechats que ceux de chorégraphies contemporaines.

7 Pour une pause... royale : Rivalda**

György Gunst, qui a longtemps exercé ses talents de chef au **Gundel** (voir p. 79), régale aujourd'hui la clientèle cosmopolite du Palais de son poulet au fromage de chèvre et poivrons rôtis (3 400 Ft) et de sa truite au safran ! C'est un peu cher, mais le service est appliqué et le décor, façon scène de théâtre, plutôt sympathique.

Színház utca 5-9
☎ 06 1 489 0236
T. l. j. 11h30-23h30.

Várnegyed, le quartier du Château

Voir plan détachable B3-4 et zoom G7-8

Imaginez, à soixante mètres au-dessus du Danube, un haut plateau constitué de quatre ou cinq rues pavées, dont les maisons seraient toutes classées monuments historiques (*műemlék*). À chaque recoin, il y aurait des médaillons et des angelots. Dans les cours, des puits et des niches… Ce quartier existe : c'est le Várnegyed, le plus charmeur de tous les districts de Budapest. Habité dès le XIIIe s. par des marchands allemands (côté sud) et des nobles hongrois (au nord), ce monde à part vous réserve d'agréables promenades et de belles surprises.

❶ Patikamúzeum*

Tárnok utca 18
☎ 06 1 375 9772
Mar.-dim. 10h30-17h30 (16h l'hiver)
Entrée plein tarif : 500 Ft.

« Pharmacie à l'Aigle d'or » : c'est ainsi que l'on appelle cette maison, l'une des plus anciennes de la Tárnok utca (« rue de l'Argentier-du-Roi »), dans laquelle le Tout-Buda des XVIIe et XVIIIe s. se fournissait en lavements et décoctions. Aujourd'hui convertie en musée, la vieille officine réunit toutes sortes de bocaux et d'accessoires provenant d'un labo d'alchimiste (chauves-souris desséchées, yeux de tritons…) et d'autres « apothicaireries » de l'époque baroque.

❷ Artikon*

Tárnok utca 4
☎ 06 1 212 6536
T. l. j. 9h-18h.

Au lendemain du démantèlement du rideau

de fer, Budapest est devenue une plaque tournante du marché de l'art en provenance de l'Europe orientale. On y voyait transiter de nombreuses icônes dont les experts ont parfois mis en doute l'authenticité... Aujourd'hui, l'heure est à la copie (médiocre) mais il reste, chez Artikon, quelques spécimens russes du XIXe s. Comptez 79 000 Ft pour un saint Georges terrassant le dragon.

❸ Mátyás-templom**

(Église Mathias)
Szentháromság tér 2
Entrée par le porche sud
☎ 06 1 355 5657
www.matyas-templom.hu
Lun.-ven. 9h-17h,
sam. 9h-13h, dim. 13h-17h
Entrée plein tarif : 1 200 Ft
Voir « Pour en savoir plus » p. 49.

L'église paroissiale de Buda illustre à merveille la fièvre éclectique qui s'est emparée de la capitale hongroise dans les années 1870 : l'architecte Frigyes Schulek n'a pas pu résister à la tentation de transformer en style néogothique le sanctuaire où le bon roi Mathias avait célébré son mariage avec Béatrice d'Aragon. Au menu : une *Dormition de la Vierge gothique* (porche sud), un décor peint bigarré et de superbes vitraux du XIXe s. Frigyes Schulek, dont l'imagination était intarissable, a aussi laissé

❹ Halászbástya**

(Bastion des Pêcheurs)
Szentháromság tér
Derrière Mátyás-templom
T. l. j. 9h-19h ou 20h
Entrée plein tarif : 700 Ft.

un invraisemblable décor néoroman, à tourelles et créneaux, que l'on dirait tout droit sorti de Disneyland : le Halászbástya (Bastion des pêcheurs). Ce pastiche

❺ Pour goûter un vrai goulache : Café Pierrot**

Touristes, hommes d'affaires et jeunes yuppies y dégustent à toute heure, dans un éclairage tamisé et une ambiance romantique, une cuisine hongroise moderne et servie avec application. Tout y est raffiné, des pâtes aux champignons parmesan (3 150 Ft) à la trilogie de foie gras en passant par la crêpe à la Gundel qui vous laisse en bouche une petite note d'abricot et de châtaignes.

Fortuna utca 14
☎ 06 1 375 6971 – www.pierrot.hu
T. l. j. 12h-minuit.

de bastion, édifié en 1895-1902, n'a d'autre fonction que d'offrir, du haut de son chemin de ronde, une vue très spectaculaire sur le Danube.

6 Hilton*

Hess András tér 1-3
☎ 06 1 889 6600
www.hilton.com

Dans la série « constructions controversées », l'hôtel Hilton, inauguré en 1977, tient assez bien la route. Il est vrai que son architecte, Béla Pintér, a joué à fond la carte du contraste et de l'hybride : derrière le coffrage d'acier

et les vitres réfléchissantes, 322 chambres ultramodernes, deux restaurants et un bar à sushis voisinent avec les ruines d'un couvent dominicain, d'une église du XIIIe s. et d'un collège jésuite. Si ce n'est pas de l'audace...

7 Táncsics Mihály utca**

Grilles en fer forgé (n° 7 et n° 22), fresques encadrées de stuc (n° 16)... Tout le charme de cette rue baroque tient à ses menus détails décoratifs. Elle était autrefois habitée par de nobles familles, comme les Almássy (n° 21) ou les **Erdődy** (leur palais abrite aujourd'hui le **Zenetörténeti Múzeum,**

musée de l'Histoire de la musique, voir p. 129), et par la petite communauté juive de Buda, à l'époque où la Curie royale l'avait placée sous sa protection : des vestiges d'une synagogue médiévale ont été retrouvés au n° 26 (mai-oct. mar.-dim. 10h-17h, accès payant).

8 Hadtörténeti Múzeum*

Tóth Árpád sétány 40
☎ 06 1 325 1600
www.militaria.hu
Mar.-dim. 10h-18h
(10h-16h en hiver)
Entrée plein tarif : 1 400 Ft.

C'est le **musée de l'Histoire... militaire**. Dit comme ça, sans ménagement, cela fait peut-être un peu peur – d'autant que l'histoire de la Hongrie n'est qu'une longue suite de conflits et d'occupations. Retenez surtout les salles consacrées à la Révolution hongroise de 1956 (voir p. 66) !

9 Úri utca***

(Rue des Seigneurs)
Voir « Pour en savoir plus » p. 50.

La « rue des Seigneurs », où résidaient nobles et riches drapiers, n'est qu'une longue suite d'édifices baroques patiemment restaurés après 1945. Il faut s'y promener tôt et faire abstraction des voitures : vous apprécierez d'autant plus ses portes cochères (n° 72), ses badigeons de vert (n° 62), ses heurtoirs (n° 58) et ses frontons ouvragés (n° 50), ses courettes (n° 35) et ses énigmatiques niches à sièges gothiques (n° 32). Une belle leçon d'architecture !

10 Tóth Árpád sétány**

(Promenade des Remparts).
Las des flots de touristes qui quadrillent le quartier ? Une solution de repli : la promenade des Remparts et ses marronniers. De la barbacane d'Esztergom à la porte de Fehérvár en passant par le « Bastion de la soupe aigre » (*Savanyúleves rondella*) défile sous vos yeux toute la *skyline* de Buda : les villas de Rózsadomb (p. 20), les immeubles de

Krisztinaváros et l'agence de presse MTI. À revoir au soleil couchant…

⑪ Sziklakórház***

Lovas út 4/c
Mobile ☎ 06 70 701 0101
www.sziklakorhaz.hu
T. l. j. 10h-20h (dernière entrée 19h)
Entrée plein tarif : 3 600 Ft.

Le secret le mieux gardé de Buda ? C'est le Sziklakórház, l'hôpital aménagé sous le quartier du Château ! Jusqu'en 2002, seuls quelques chirugiens et infirmières connaissaient son existence. Durant la guerre froide, il a servi de labo de recherches anti-atomiques sous le nom de code LOSK 0101/1. Entre salle d'op' et rayons X, la visite est un peu oppressante mais vous ne l'oublierez pas de sitôt. Des masques à gaz sont en vente à la sortie des grottes. Au cas où…

⑫ Pour un café *ruszwurm* : Ruszwurm Cukrászda***

Les gâteaux bien dodus et appétissants de cette légendaire et minuscule pâtisserie, fondée en 1827 par Franz Schwabl, sont une invitation permanente à la gourmandise. Il est d'ailleurs souvent difficile d'y décrocher un guéridon, la plupart des touristes restant scotchés des heures durant à leur *ruszwurm* (un café crème, *cherry brandy*, chocolat et chantilly à 1 100 Ft) et à leur *linzer* à la confiture de framboises, spécialité du chef Ács Szabolcs. C'est plutôt calorique mais absolument charmant. Une pause-plaisir.

Szentháromság utca 7
☎ 06 1 375 5284
www.ruszwurm.hu
T. l. j. 10h-19h.

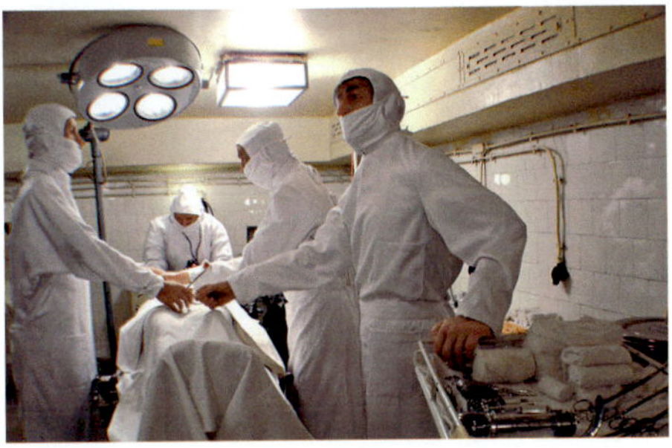

⑬ Budavári Labirintus*

Úri utca 9
☎ 06 1 212 0207
www.labirintus.com
T. l. j. 10h-19h
Entrée plein tarif : 2 000 Ft.

Bonne nouvelle pour les fans de spéléo : le quartier du Château existe aussi en version underground. Un réseau de grottes naturelles, aménagé par les Turcs à des fins militaires, les attend dans les entrailles de la colline. Bien sûr, à 16 m de profondeur, on respire le renfermé à pleins poumons, mais la visite de ce labyrinthe dans lequel de nombreux habitants ont pu se terrer durant la guerre est assez spectaculaire. Claustrophobes s'abstenir.

⑭ De La Motte-Beer palota*

Dísz tér 15
☎ 06 1 202 1967
www.forsterkozpont.hu
T. l. j. 11h-19h
Entrée plein tarif : 800 Ft.

Dans ce petit palais du XVIIIe s., que l'Office de protection du patrimoine vient tout juste d'ouvrir au public, les restaurateurs ont découvert, sous 15 couches de peinture, 250 m^2 de fresques rococo ! Elles auraient été réalisées à l'initiative d'un riche apothicaire de Buda, József Beer, qui, en 1773, avait acheté le palais d'un ingénieur d'origine française, François-Jacinthe de La Motte des Aulnois. Et les combles se visitent aussi !

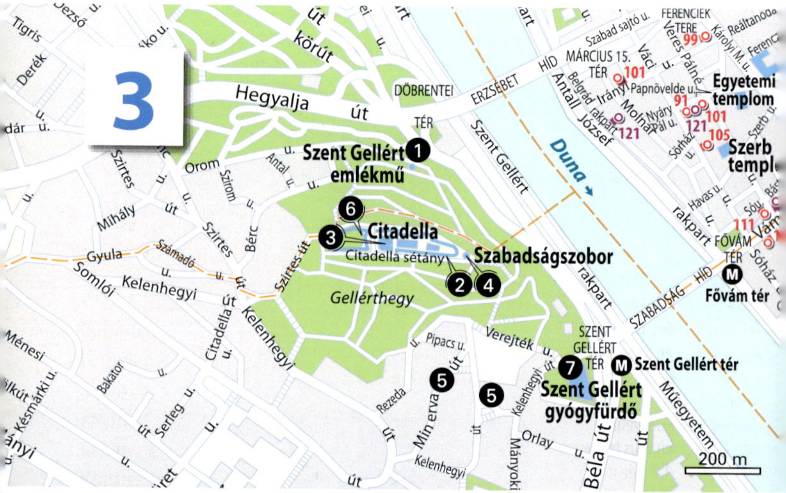

Voir plan détachable
B4-5/C4-5

Gellérthegy, un balcon sur le Danube

Le jeu consiste à enfiler ses chaussures de marche et à gravir, à son rythme, l'escalier puis le sentier qui zigzague à travers les arbres jusqu'au sommet du mont Gellért pour découvrir le superbe panorama que l'Unesco a inscrit sur sa liste des sites du patrimoine mondial. C'est à 130 m au-dessus du fleuve, 235 m au-dessus du niveau de la mer. Séquence oxygène et remise en forme !

❶ Szent Gellért emlékmű*

(Statue de saint Gérard)
Szent Gellért rakpart.

Première étape (altitude 145 m) : la statue monumentale de saint Gérard – szent Gellért en hongrois – érigée en 1904 à l'emplacement de son martyre. Si l'on en croit la tradition, en effet, le missionnaire italien, que le roi Étienne Ier avait chargé d'évangéliser les Magyars, aurait été précipité de ce rocher par des païens rebelles. Oubliez les vilains tags de la colonnade pour vous concentrer sur le ruban argenté du Danube : la vue est à couper le souffle.

❷ Citadella sétány***

(Chemin de ronde)
☎ 06 1 279 1964
T. l. j. 9h-20h (17h oct.-avr.)
Accès libre (sf bunker), sera peut-être payant à partir de 2015.

Seconde étape, à 235 m d'altitude : la forteresse que les Habsbourg firent bâtir entre 1850 et 1854 pour mieux intimider, à grand renfort de canons, la population de Pest. Elle est relativement laide, depuis qu'elle a été rasée en partie, mais son chemin de ronde offre une vue imprenable sur la capitale, depuis l'île Marguerite jusqu'aux friches industrielles de l'île de Csepel.

3 Casemates*

Citadella sétány.

Les *kazamaták* (« casemates ») voûtées de la citadelle ont été transformées, dans les années 1960, en discothèque, auberge de jeunesse, musée, restaurant... Il y a même un magasin de souvenirs kitschissimes où vous trouverez des toques de l'armée russe (9 800 Ft), des bérets de la flotte de la mer Noire et des poupées gigognes à l'effigie de... Poutine (à partir de 5 600 Ft).

4 Szabadságszobor*

Citadella sétány.

À l'origine, en 1943, cette statue avait été commandée par le régent du royaume – le pro-hitlérien Miklós Horthy – qui voulait honorer la mémoire de son fils tombé sur le front de l'Est, aux côtés des Allemands. Mais l'histoire en décida autrement : en 1947, le maréchal de l'Armée rouge Vorochilov visita l'atelier du sculpteur et jugea que la statue ferait un excellent monument aux soldats... soviétiques morts en libérant Buda des nazis. Si ça, ce n'est pas du recyclage !

5 Minerva et Kelenhegyi*

Il suffit de flâner dans ces deux rues pour se faire une idée des nombreuses villas qui ont été bâties autour de 1900 sur le versant sud du mont Gellért. Elles ont d'aimables jardins et des portails tout en rondeurs, comme celle du Dr Bayer (Minerva utca 3/a), de belles grilles à volutes de fer forgé (Minerva utca 2) et des fenêtres tourmentées : voyez à côté de l'ambassade de Finlande les ateliers d'artiste conçus par Gyula Kosztolányi (Kelenhegyi út 12-14).

7 Szent Gellért gyógyfürdő***

(Complexe thermal du Gellért)
Kelenhegyi út 2-4
☎ 06 1 466 6166
www.gellertfurdo.hu
T. l. j. mixte 6h-20h
Entrée plein tarif : à partir de 4 900 Ft (plus cher le w.-e.).

Après tous ces efforts, place à la relaxation ! Le complexe thermal du Gellért, qui vaudrait, à lui seul, le voyage à Budapest, est un vrai temple de Neptune, une ode à la mollesse. Au programme : bains à remous en plein air, piscines à vagues, terrasses pour rissoler au soleil... sans oublier, dans l'ancien jardin d'hiver, la très belle piscine Art nouveau à toit ouvrant et les bassins carrelés d'un admirable camaïeu de turquoise et d'aigue-marine. Attention ! Ici, on ne badine ni avec les règles d'hygiène, ni avec le sens de la nage.

6 Pour une pause panoramique : Citadella Lounge*

Au sommet du mont Gellért, un établissement que l'on vous recommande les yeux fermés pour sa vue classée au patrimoine mondial de l'Unesco. Essayez de décrocher l'une des tables qui font face au Danube : de là, le panorama sur fond de musique douce est si relaxant qu'on en oublierait presque que les pizzas n'ont peut-être pas tout à fait la saveur de l'Italie. Comptez 1 950 Ft pour une salade du jardin et 1 790 Ft pour une *primavera*.

Citadella sétány 1
☎ 06 1 209 0698 – www.citadellapanorama.hu
T. l. j. 12h-minuit – Plats : de 2 300 à 5 900 Ft.

4

Víziváros, la « ville de l'eau »

Voir plan détachable B3 et zoom G6-7/H6-7

Il suffit de monter dans le tram 19 ou 41, qui longe le quai Bem, pour entrevoir un pan de la ville basse de Buda. Ce quartier – autrefois si souvent inondé par les crues du Danube qu'on lui a donné le nom de « ville de l'eau » – s'étire, depuis le Moyen Âge, le long d'une artère monotone, la Fő utca, entrecoupée de places, de ruelles désuètes et d'escaliers endormis qui escaladent la colline du Château pour mieux vous offrir une vue incomparable sur le fleuve.

❶ Institut français*

Fő utca 17
☎ 06 1 489 4200
www.inst-france.hu
Lun.-ven. 8h-22h, sam. 8h30-17h.

C'est l'édifice postmoderne (1992) qui se paye le luxe d'une façade asymétrique, d'un auvent triangulaire et – du haut de sa médiathèque – d'une vue panoramique sur le Danube. Il y a là un café sympa (le Dumas, p. 74), une librairie à visiter et un calendrier très copieux de manifestations – journées du cinéma français, concerts, expos, bal du 14 Juillet... – « pour encourager le dialogue des cultures et des hommes qui les font ». Tout un programme !

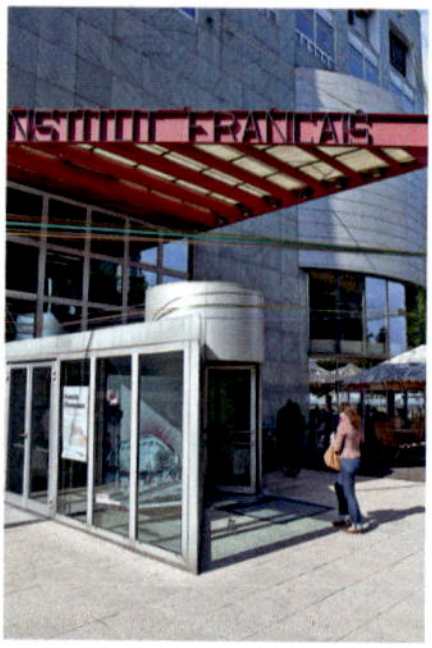

❷ Corvin tér**

Voici un petit bout du vieux Víziváros. Autour de cette placette attachante, vous trouverez (au n° 11) un palais jaune qui a gardé le goût du baroque ; une église que les Turcs avaient convertie en *djami* (« mosquée ») pour la grande prière du vendredi ; la **Budai Vigadó** (voir p. 127) dédiée au ballet traditionnel hongrois et surtout un groupe de quatre maisons basses du XVIIIe s. ravalées avec soin. La verte héberge la salle du

Entre l'**église Sainte-Anne** (**Szent Anna-templom,** voir p. 61) et l'ancien couvent franciscain, tous deux baroques, un marché couvert, daté de 1902, jouxte une maison basse – l'auberge rococo de la Croix blanche –, qui aurait reçu la visite de Casanova (n° 4), et la demeure rose de l'architecte Kristóf Hikisch, bâtie en 1795 dans le goût Joseph II (n° 3).

petit déjeuner de l'Artotel (voir p. 138).

❸ Mesterporta*

Corvin tér 7
Mobile ☎ 06 20 232 5614
www.hagyomanyokhaza.hu
Lun. 14h-18h, mar.-ven. 10h-18h, sam. 10h-13h.

Si vous êtes de ceux qui rosissent de plaisir à la vue d'une compil de chants traditionnels des Carpates ou de musique *csángó* de Moldavie (3 500 Ft), faites un crochet par Mesterporta ! Ils ont toute la collection de CD édités par Etnofon Records (le label n° 1 du folk hongrois), mais aussi des tissages, des poteries, des œufs de Pâques et bien d'autres créations dont la qualité est très loin des articles prétendument artisanaux de la Váci utca.

❺ Batthyány tér*

À la fois station de métro, terminus du tram 19 ou 41 et tête de ligne du train Budapest-Szentendre, cette place est le cœur de Víziváros. On aurait tort de la juger banale : elle résume assez bien l'esprit du quartier et son côté « patchwork ».

❹ Pour un roulé aux griottes : Angelika**

Vous pourrez vous y reposer de l'agitation du quartier tout en soignant le gourmand qui sommeille en vous : l'ancien presbytère de Sainte-Anne, converti en salon de thé depuis 1973, offre un bel assortiment de gâteaux que les mamies de Buda et les jeunes gens à la page dégustent dans des fauteuils de cuir. C'est romantique en diable, surtout durant les tièdes soirées d'automne, à l'heure où les rayons du soleil viennent lécher les roulés aux griottes (890 Ft) sur les guéridons de bois. En été, terrasse face au Danube.

Batthyány tér 7
☎ 06 1 225 1653 – www.angelikacafe.hu
T. l. j. 9h-23h – Salade César : 2 690 Ft.

❻ Nagy Imre tér*

Fő utca 68-76.

Autre place, autre ambiance : si vous aimez le genre *thriller* et les extérieurs sinistres, arrêtez-vous devant l'ancien Office de répartition des matériaux industriels, bâti en 1942 par l'architecte du Palatinus (voir p. 42), István Janáky, et surtout devant le très intimidant tribunal militaire que la Gestapo puis la police secrète stalinienne utilisèrent tour à tour comme Q.G. et comme prison. C'est ici que le Premier ministre Nagy fut jugé et condamné à mort en 1958.

❼ Király-fürdő**

Fő utca 82-86
☎ 06 1 202 3688
www.kiralyfurdo.hu
T. l. j. mixte 9h-21h
Entrée plein tarif : à partir de 2 400 Ft.

Tout, ici, n'est que vapeur et mollesse : derrière la façade néoclassique et vert « chewing-gum-à-la-chlorophylle » du **bain Király** se cache en effet le hammam que le pacha Mustafa Sokollu eut la bonne idée de bâtir à l'intention de sa garnison. Depuis 1570, le rituel n'a guère changé : le jeu consiste toujours à se laisser bercer par les eaux chaudes sous une coupole à croissant d'or, mouchetée de rais de lumière.

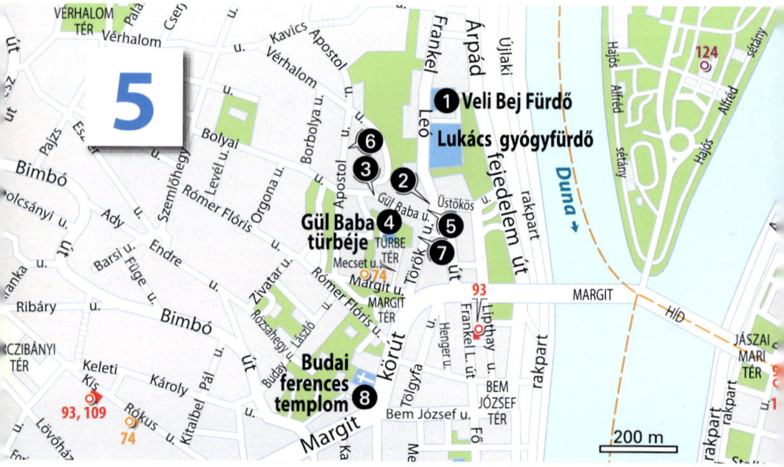

Rózsadomb, la colline aux Roses

Voir plan détachable B2-3

Vous voici au pied du quartier résidentiel de Budapest ! Tour à tour investie par la bourgeoisie d'affaires et les *funkci* (les bureaucrates du parti communiste), la colline aux Roses est devenue dans les années 1990 un « mini-Beverly Hills » avec villas expérimentales, limousines flashy et cottages élégants. La vue, aujourd'hui, est de plus en plus bouchée par les constructions mais vous pouvez toujours vous offrir, à pied ou en bus (91 et 191), un lent travelling à travers cette oasis d'oxygène et de silence.

1 Veli Bej fürdő**

Árpád fejedelem útja 7
☎ 06 1 438 8641
http://velibejfurdo.hu
T. l. j. 6h-12h et 15h-21h
Entrée plein tarif : 2 800 Ft les 3h ; interdit au moins de 14 ans.

Comme votre promenade sera tonique, autant la commencer par deux brasses au Veli Bej ! Ce bain turc, bâti en 1570 à l'initiative du vizir de l'époque (le pacha Mustafa Sokollu), fut longtemps fermé au public. Rénové avec soin en 2011, il a été doté d'un parcours Kneipp très stimulant pour la plante des pieds. S'il est fermé, vous pouvez vous rabattre sur le **Lukács gyógyfürdő** (Frankei Leó út 25-29, t. l. j. 6h-21h) doté d'une buvette d'eau minérale, du genre imbuvable mais bienfaisante !

2 Bioháló bolt*

Frankel Leó út 36
☎ 06 1 326 1189
Lun.-ven. 10h-18h, sam. 10h-13h.

Beaucoup s'y arrêtent pour reprendre des forces après le bain. Et on les comprend ! Ce comptoir de produits bio vend toutes sortes de reconstituants – jus de fruits, barres de céréales, graines de tournesol à grignoter… – et des préparations faciles à glisser

dans sa valise, tel le sachet « spécial vin chaud » à base de clous de girofle, hibiscus, pomme et cannelle (*borvarázs*, 985 Ft).

❸ Gül Baba utca**

Pour échapper à l'air vicié du boulevard et humer les fraîches brises de la colline aux Roses, il suffit de gravir les marches d'une ruelle aussi escarpée que romantique : la très dépaysante Gül Baba, dont les vieux pavés disjoints et les grilles en fer forgé semblent tout droit sortis d'un village des Balkans. Faites vite avant que les riverains ne ravalent ses dernières façades décaties !

❹ Gül Baba türbéje**

(Mausolée de Gül Baba)
Türbe tér/Mecset utca 14
☎ 06 1 326 0062
Fév.-sept. : mar.-dim. 10h-18h
Oct.-janv. : mar.-dim. 10h-16h
Accès libre.

Vous voici devant le lieu saint le plus septentrional de l'Islam : ce mausolée, qui trône au milieu d'un paisible jardin, à peine troublé par le clapotis d'une fontaine et la prière des pèlerins, abrite le sarcophage du derviche Gül Baba, « Père des roses », mort à Buda en 1541. Jolis panneaux de céramique

turque, importés de Kütahya, et belle vue panoramique sur le quartier de Víziváros.

❻ Neuschlosz-villa*

Apostol utca 13/b.

Il s'agit d'un échantillon des villas cossues qui ont été bâties à la fin du XIXe s. pour de riches entrepreneurs (en l'occurrence, Ödön Neuschlosz) et que l'on a – collectivisme oblige – fractionnées en plusieurs appartements. János Kádár, qui fut le chef de l'État hongrois pendant trente ans (voir p. 67), avait sa résidence à lui tout seul, un peu plus haut, aux n°s 19-23 de la Cserje utca.

❼ Török Borpatika*

Török utca 10
Mobile ☎ 06 70 943 6338
Lun. 12h-18h, mar.-ven. 10h-18h, sam. 9h-14h.

Un petit caviste spécialisé dans les crus de Transdanubie (région occidentale de la Hongrie). Vous n'y trouverez pas le fameux *cserszegi fűszeres* qui fut élu « vin blanc » de l'année 1998 pour sa robe miel pâle et ses arômes si fruités de poire et de muscade, mais il y a là de bons vins de table à petits prix rouge grenat, bouquetés et plutôt secs, comme les Villány-Siklós.

❽ Budai ferences templom*

(Église des Franciscains de Buda)
Margit körút 23
☎ 06 1 212 5628
Lun.-sam. 7h-20h30, dim. 6h30-20h30.

Construite de 1753 à 1770 pour l'ordre des Augustins, cette petite église dite « des Franciscains de Buda » est l'œuvre de deux grands maîtres du baroque : l'architecte Máté Nepauer (p. 61) et le décorateur Franz Anton Maulbertsch, qui a exercé ses talents de fresquiste dans de nombreux sanctuaires de la monarchie austro-hongroise.

❺ Pour un poulet au paprika : Földes Józsi konyhája*

Les bains Veli Bej disposent désormais d'un café ultra-design, mais si l'authentique vous tente, optez pour József Földes : c'est une cantine sans prétention, crépie de jaune et vert, où l'on sert des plats simples à prix aussi doux que le paprika dont on badigeonne le poulet. Comptez 590 Ft pour une soupe froide aux griottes et 2 200 Ft pour des pâtes dinde et parmesan.

Frankel Leó út 30-34
☎ 06 1 438 3710
Lun. 11h30-15h30, mar.-sam. 11h30-22h.

Belváros, le cœur de la Cité

Voir plan détachable C4-5

Aujourd'hui, la Váci utca, qui relie la place Vörösmarty aux Halles centrales, n'est plus la seule artère commerçante de Pest. Elle n'en attire pas moins des bataillons de touristes en mal de lèche-vitrines et de fast-foods. On peut s'en lasser vite car ses enseignes sont, à peu de choses près, celles de l'Europe de l'Ouest. Osez plutôt les rues adjacentes et la partie sud de Belváros, sous Kossuth Lajos utca : c'est attachant et plus insolite.

❶ Deák Ferenc utca**

Point de départ : la Deák utca ! Cette rue aujourd'hui flambant neuve est à Budapest ce que le faubourg Saint-Honoré est à Paris, ou la via Montenapoleone est à Milan : une *fashion street*, qui aligne ses vitrines chic entre le métro Deák et la place Vörösmarty. Tous ses immeubles ont été restaurés à l'identique, dont l'ancien magasin Modern & Breitner au nº 23, œuvre de Sámuel Révész et József Kollár (1910-1912). Colossal !

❷ Philanthia*

Váci utca 9
Mobile ☎ 06 70 933 2266
Lun.-ven. 9h-20h,
sam.-dim. 10h-20h.

Ce n'est peut-être pas le fleuriste le plus créatif de la capitale, mais le décor intérieur de la boutique est particulièrement original, avec son mobilier Art nouveau, ses lignes ondoyantes et ses peintures murales. Il a été conçu en 1906 par Albert Körössy, l'architecte de l'ex-palais Sonnenberg (Munkácsy

Mihály utca 23). Au sortir de cette bonbonnière à bouquets ronds et plantes grasses, jetez un œil sur l'immeuble 11/a, bâti dans le goût néo-Renaissance par Ödön Lechner (voir p. 65).

❸ Rózsavölgyi és Társa*

Szervita tér 5
☎ 06 1 318 3500
www.rozsavolgyi.hu
Lun.-ven. 10h-18h30, sam. 10h-15h (en été : lun.-sam. 10h-22h).

Dans un immeuble de 1911, conçu par l'architecte du Új Színház (p. 28), un disquaire épatant qui fait la part belle aux œuvres du répertoire classique, avec une sélection de CD « Hungaroton » à 4 290 Ft et de vieux vinyles pas chers. Partitions et livres sur les compositeurs d'Europe centrale (Liszt, Smetana, Chopin…), enregistrements de musique traditionnelle.

❹ Török Bankház*

Szervita tér 3.

Prenez du recul et levez les yeux ! Juste au-dessus des deux gorgones à la chevelure de serpents, le pignon de cette ancienne banque est décoré d'une mosaïque assez spectaculaire – du moins lorsqu'elle brille sous le soleil – représentant la Hongrie entourée des grandes figures de l'histoire nationale. On est en 1906 : l'heure est à la Sécession magyare (Ármin Hegedűs, voir p. 65).

❺ Pour une tartelette au pavot : Gerbeaud***

Ce mythique salon de thé, qui a conquis le Tout-Pest avec ses cerises à l'eau-de-vie et ses *zserbószelet* (p. 84), vient de fêter son 156e anniversaire. Si la clientèle se fait chaque saison plus touristique, le décor est toujours aussi distingué : une symphonie de rouges, d'or, de stucs crème et pistache. Si l'on veut goûter la magie du lieu, il faut venir tôt le matin, pour un café ou un petit déjeuner complet (2 490 Ft). L'entrée sur le côté donne accès au restaurant **Onyx** qui propose un menu du midi à 5 990 Ft (☎ 06 1 508 0622, mar.-sam. 12h-14h et 18h30-23h).

Vörösmarty tér 7
☎ 06 1 429 9000
www.gerbeaud.hu
T. l. j. 9h-21h.

❻ Városház utca*

Le principal attrait de cette rue, ce sont les deux bâtiments monumentaux qui la bordent. Le rose, édifié en 1747 par Anton Erhard Martinelli, a tout d'un palais baroque viennois. Destiné à loger 4 000 vétérans des guerres contre les Turcs, il abrite aujourd'hui les services de l'hôtel de ville de Budapest (*Főpolgármesteri hivatal*). Le vert, néoclassique et majestueux, est la mairie de la région de Pest (*Pest Megye Önkormányzata*).

❼ Párizsi udvar*

(Passage de Paris)
Ferenciek tere 5
Petőfi Sándor utca 2.

Encore une banque ? Oui, mais une caisse d'épargne cette fois, aménagée en galerie marchande – le « Passage de Paris » – par un partisan de l'éclectisme (voir p. 64). Résultat : un flamboyant cocktail néogothique avec un zeste de palais vénitien et un soupçon de bazar moyen-oriental. Bravez la suie et la pénombre pour essayer de discerner les détails du plafond et des grilles, ainsi que les petites abeilles en céramique qui grimpent le long des façades (1909).

8 Károlyi palota**

(Musée de la Littérature)
Károlyi Mihály utca 16
☎ 06 1 317 3611
www.pim.hu
Mar.-dim. 10h-18h
Entrée plein tarif : 800 Ft.

La maison natale du comte Mihály Károlyi, qui fut le président de la première République hongroise (1918-1919), a été restaurée avec un soin infini pour servir d'écrin aux collections du musée de la Littérature. Vous pouvez donc, d'une pierre deux coups, faire connaissance avec la décoration intérieure d'un palais néoclassique – ne manquez pas l'escalier d'honneur rouge – et l'illustre poète Sándor Petőfi (1823-1849). Dans la cour, charmante terrasse pour déjeuner à la fraîche d'un filet de sandre à l'aneth (4 290 Ft, Károlyi étterem, ☎ 06 1 328 0240, www.karolyietterem.hu, t. l. j. 12h-22h).

9 Vintage Galéria*

Magyar utca 26
☎ 06 1 337 0584
www.vintage.hu
Mar.-ven. 14h-18h et sur r.-v.

Notre coup de cœur ? L'élégante librairie-galerie que le sympathique Attila Pőcze a eu la bonne idée d'ouvrir en face du jardin Károlyi. En rayon, 500 albums, essais et portfolios triés sur le volet, qui nous rappellent à quel point les Hongrois ont excellé dans l'art de la photographie dès les premières décennies du XXe s. En prime, une expo toutes les six semaines, consacrée à un moderniste ou à un contemporain.

10 Szerb templom**

(Église serbe)
Szerb utca 2-4
Lun.-sam. 10h-16h
Messe dim. 10h
Accès payant.

Dans la catégorie « architecture religieuse », voici la ravissante église orthodoxe bâtie d'après les plans d'András Mayerhoffer (1750) pour les descendants de ceux qui avaient fui la Serbie durant l'expansion turque. Ici, pas de colonnes de marbre mais une iconostase, due au talent du sculpteur serbe Mihajlo Janics et du peintre d'origine grecque Károly Sterio. L'intérieur est divisé en trois parties : la nef réservée aux femmes, la nef des hommes et le chœur des chantres.

11 Egyetemi templom**

(Église de l'Université)
Papnövelde utca 5-7.

L'église de l'Université est sans doute le plus beau joyau baroque de Pest. Elle fut construite d'après les plans du même Mayerhoffer pour le seul ordre monastique d'origine hongroise, les Pauliniens. Ses clochers à bulbe rivalisent d'exubérance avec les stalles et la chaire, sculptées par les moines eux-mêmes,

les colonnes mouchetées de rose ou de violine, et le trompe-l'œil de la voûte. Au-dessus de l'autel, une Vierge noire (1720) est censée donner un petit coup de pouce aux étudiants de la fac voisine le jour de leur examen.

⓬ 1 000 tea**

Váci utca 65
(au fond de la cour)
☎ 06 1 337 8217
www.1000tea.hu
Lun.-jeu. 12h-21h, ven.-sam. 12h-22h.

Depuis 1996, le salon de thé de Zsuzsa, aussi intimiste et mystérieux qu'une fumerie d'opium, est une merveilleuse invitation au voyage à travers les breuvages de l'Orient lointain. On y sert (à partir de 750 Ft) un incomparable *gokuchouja* japonais, un thé vert de Taiwan appelé *Bi Lou Chung* et, bien sûr, le fameux *Pu Erh Black* qui a fermenté pendant sept ans et qu'il faut laisser infuser 10 minutes. Pensez à agiter la clochette lorsque vous aurez fait votre choix !

⓭ Dunakorzó***

(Promenade du Danube)
Voir « Pour en savoir plus » p. 51.

Pour ceux qui frisent l'overdose de Váci utca, il existe une solution de repli : le quai qui longe le Danube entre Széchenyi István tér et Március 15. tér. Bien sûr, ce n'est pas la Croisette : la guerre et le régime ont eu raison de ce « front de fleuve » qui était si smart dans les années 1920 avec ses grands hôtels (Ritz, Carlton, Bristol) et ses jazz bands. Mais le charme opère encore. Il tient à la vue panoramique sur Buda, la colline du Gellért, le Palais royal et les ponts...

⓮ Pour des *galuska* aux fines herbes : Centrál kávéház***

On peut parler de « résurrection » tant la métamorphose est hallucinante ! En l'an 2000, Gábor Gereben et Dóra Pataky ont sorti de sa longue traversée du désert le Centrál – l'un des cafés les plus prestigieux de Pest avant les années de plomb – en le reconstituant dans ses moindres détails d'après des photos de la Belle Époque. Même s'il manque encore un peu de patine, il a ses fidèles... Crêpes au poulet paprika : 1 590 Ft ; *galuska* (voir p. 83) : 2 390 Ft.

Károlyi Mihály utca 9
☎ 06 1 266 2110
www.centralkavehaz.hu
T. l. j. 8h-23h.

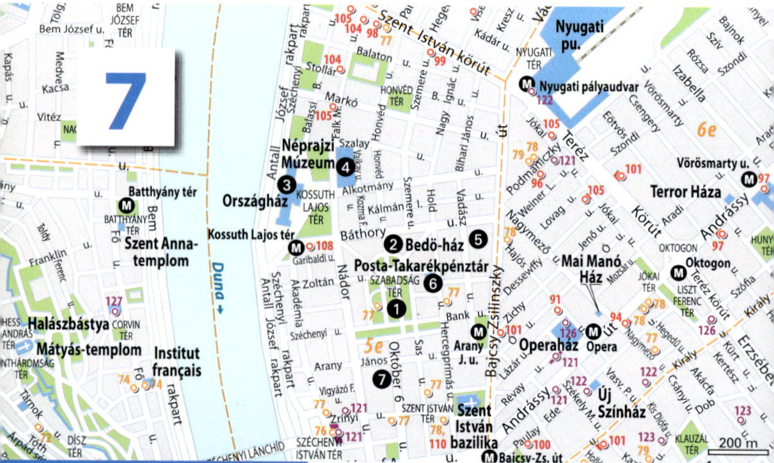

Du côté du Parlement

Voir plan détachable C3 et zoom H6-7/I6-7

Ministères écrasants, tribunaux boursouflés, banques chargées de gorgones et de quadriges, parlement néogothique pastichant le palais de Westminster : il y a, incontestablement, un soupçon de mégalomanie dans ce quartier de Lipótváros qui a été façonné, à la fin du XIXe s., pour devenir le centre financier de la jeune capitale hongroise. Voyage au cœur d'une emphatique mise en scène du pouvoir, destinée aussi à défier Vienne, l'arrogante rivale.

❶ Szabadság tér**

(Place de la Liberté).
Les urbanistes commencèrent par raser la sinistre caserne autrichienne, symbole de la répression des Habsbourg, pour aménager cette « place de la Liberté » et y bâtir tout autour des mastodontes tels que la Bourse, qui fut jusqu'en 2009 le siège de la télévision nationale (ce palais pharaonique signé Ignác Alpár relève de la pure « frime », le volume des transactions étant loin d'égaler, en 1902, celui de la Bourse de Vienne !).

❷ Bedö-ház*

Honvéd utca 3
☎ 06 1 269 4622
Lun.-sam. 10h-17h
www.magyarszecessziohaza.hu
Entrée plein tarif : 2 000 Ft.

Vous cherchez des Assyriens barbus ? Ils sont ici, au dernier balcon de cet immeuble de style Sécession (voir p. 65), bâti en 1903 par Emil Vidor ! L'intérieur tient plus du dépôt-vente que du musée mais vous y croiserez de jolis décors – des vitraux peints d'oiseaux exotiques, du fer forgé vrillant

comme des lianes... – et un café : l'Art Nouveau (lun.-ven. 8h-19h, sam. 9h-17h), cappuccino à 520 Ft.

3 Országház***

(Parlement)
Kossuth Lajos tér 1-3
☎ 06 1 441 4415 / 4904
www.parlament.hu
Lun.-ven. 8h-18h, sam.-dim. 8h-16h (hors séances parlementaires)
Tarif pour les ressortissants de l'UE sur présentation d'une pièce d'identité : 1 750 Ft
Achat des billets en ligne ou le jour même au Néprajzi Múzeum
Visites guidées en français à 11h et 13h30 (durée : 45 min)
Voir « Pour en savoir plus » p. 52.

Vingt kilomètres d'escaliers, 691 pièces, 17 745 m^2... Le Parlement hongrois – le plus grand du monde lors de son inauguration en 1902 – croule sous les ors, les vitraux et autres décors à la gloire de la nation. On peut le juger disproportionné, vu le peu de cas que l'on faisait de la démocratie à l'époque où Imre Steindl l'a construit, mais la cage d'escalier est inouïe.

4 Néprajzi Múzeum***

(Musée ethnographique)
Kossuth Lajos tér 12
☎ 06 1 473 2400
www.neprajz.hu
Mar.-dim. 10h-18h
Entrée plein tarif : 1 400 Ft
Voir « Pour en savoir plus » p. 53.

Là, on verse plutôt dans le style néo-Renaissance. L'ancien palais de justice, bâti par Alajos Hauszmann en 1896, et converti en musée ethnographique en 1972, possède l'un des halls les plus spectaculaires de la capitale. Le 1er étage est consacré au mode de vie traditionnel des campagnes hongroises : meubles en bois peint et *ködmön* brodés (voir p. 115), ruches et pressoirs à raisin, trousseaux de jeunes filles et vieilles photos de bergers.

5 Üvégház*

Vadász utca 29
Mobile ☎ 06 30 365 1817
www.uveghaz.org
T. l. j. 13h-16h
Accès libre.

En v. f., c'est la « maison de verre », l'un des secrets les mieux gardés de Pest. Si vous sonnez au portail, le guide vous racontera en hongrois – la brochure est en français – l'histoire de Carl Lutz (1895-1975), un courageux diplomate suisse qui, dès 1942, réussit à sauver des milliers de juifs en facilitant leur émigration vers la Palestine : il leur délivrait des sauf-conduits suisses ou les cachait dans les caves et greniers de cette ancienne verrerie de style moderniste, signée Lajos Kozma. Poignant.

6 Posta-takarékpénztár**

Hold utca 4.

Encore un témoin indigeste de la tendance au colossal ? Détrompez-vous : l'ancienne **Caisse d'épargne de la Poste,** qui cache ses tuiles vernissées au-dessus des tilleuls et des façades moutarde de la rue Hold, est l'un des chefs-d'œuvre d'Ödön Lechner, pionnier de la Sécession magyare (voir p. 65). Jetez un œil sur la salle des guichets et sur les motifs en céramique qui animent les toitures : dragons ailés, têtes de taureau, ruches, abeilles... C'est fascinant !

7 Pour une salade César : Első Pesti rétesház*

À vrai dire, leur spécialité n° 1, c'est le strudel – on dit *rétes* en hongrois (p. 85) – que le pâtissier prépare devant vous, avec des pommes, des griottes et beaucoup de dextérité, dans une salle voûtée de 1812 tapissée de vieilles photos. Bon, l'adresse est un chouïa touristique, surtout le soir, mais la salade César (2 390 Ft), servie à toute heure, est convaincante et le cadre charmant !

Október 6 utca 22
☎ 06 1 428 0134 – www.reteshaz.com
T. l. j. 9h-23h.

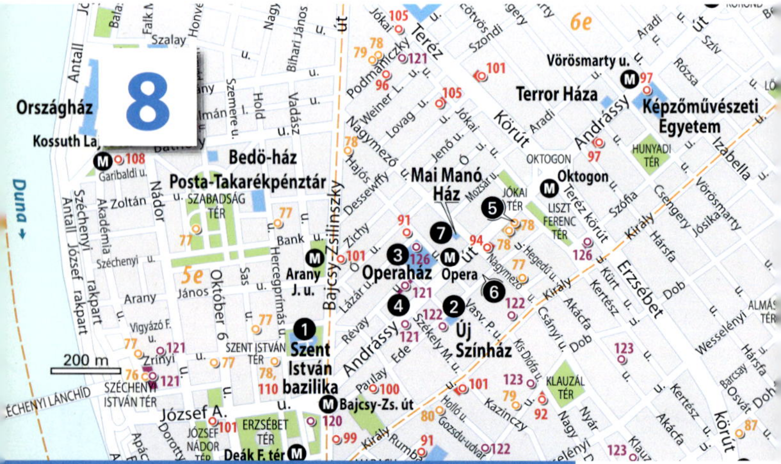

Opera, le quartier des théâtres

Voir plan détachable C3-4 et zoom I6-7-8

Vous voici, entre la cathédrale et l'Octogone, dans un quartier unique, qui égrène ses théâtres, ses cabarets et son opéra autour de l'avenue Andrássy. Bien sûr, vous ne verrez plus la patronne du dancing Arizona se trémousser sur le dos de son éléphant blanc, mais la rue Nagymező, avec le Thália et le Vörös Malom (« Moulin rouge »), a gardé un peu de cette légèreté pétillante qui lui valut, au début du XXe s., son surnom de « Broadway de Pest ».

❶ Szent István bazilika**

(Basilique Saint-Étienne)

Szent István tér
☎ 06 1 338 2151
www.bazilika.biz
Lun.-ven. 9h-17h, sam. 9h-13h, dim. 13h-17h ; terrasse (accès : 500 Ft) : avr.-oct. t. l. j. 10h-16h30
Concerts d'orgue
Voir « Pour en savoir plus » p. 54.

Il aura fallu pas moins de trois architectes pour bâtir cette basilique, la plus cossue de toutes les églises de Budapest. Après la mort de Hild (1867) et de Ybl (1891), le chantier fut confié à József Kauser, qui commença par aller en Italie étudier la Renaissance. À son retour, il fit redécorer le tout à coups de mosaïques vénitiennes et de marbres polychromes. À voir en priorité : les caissons dorés des voûtes, l'orgue et la « sainte dextre » d'Étienne, mort en1038.

❷ Új Színház**

Paulay Ede utca 35
☎ 06 1 351 1406
www.ujszinhaz.hu
Hall visible aux heures d'ouverture de la billetterie (t. l. j. 14h-19h).

Les Hongrois du début du XXe s. avaient des idées à revendre en matière de déco : frise d'anges aux ailes d'or, mosaïque turquoise, couple de singes en façade… Ce petit bijou signé Béla Lajta (1909) est un ancien night-club converti en « Nouveau Théâtre ». Certains y voient des influences babyloniennes, d'autres « égyptoïdes ». Dépaysement garanti.

❸ Operaház***

(Opéra)
Andrássy út 22
☎ 06 1 332 8197
www.operavisit.hu
Visites guidées à 15h et 16h (durée : 45 min)
Entrée plein tarif : 2 900 Ft
Voir « Pour en savoir plus » p. 55.

Lorsqu'il fut solennellement inauguré le 27 septembre 1884, cet édifice était l'opéra le plus moderne d'Europe : Miklós Ybl l'avait conçu jusque dans ses moindres détails, doté de tous les dispositifs dernier cri (issues de secours, portes coupe-feu, rideau de fer…) et habilement décoré, avec l'aide des meilleures entreprises de l'époque. Majestueux escalier d'honneur et belle vue depuis la loggia sur le palais Drechsler, néo-Renaissance lui aussi (1883).

❺ Alexandra*

Andrássy út 39
☎ 06 1 484 8000
www.alexandra.hu
T. l. j. 10h-22h.

Le « Grand magasin de Paris » a enfin été restauré et accueille désormais une librairie qui a le mérite d'ouvrir le dimanche et d'avoir aménagé un café dans l'ancienne salle de bal (le Bookcafé, p. 78), ce qui laisse tout loisir de potasser, devant un cappuccino, les enseignes des différents rayons : *idegen nyelvü könyvek* = livres en langues étrangères ; *müvészetek* = beaux-arts ; *útikönyvek* = guides de voyage…

❹ Pour une assiette de tapas : Callas**

Il paraît que David Collins est le décorateur préféré de Madonna. En tout cas, il est plutôt doué si l'on en juge par le café Callas qu'il a ressuscité juste à l'angle de la rue Dalszínház : une galerie en L, sertie de caissons dorés, d'appliques en laiton et de frises serpentines, où l'on peut grignoter à toute heure une assiette de tapas hongrois (3 950 Ft) ou un cheese-cake à la rhubarbe (800 Ft).

Andrássy út 20 – ☎ 06 1 354 0954
www.callascafe.hu – T. l. j. 10h-minuit.

❻ Sugar*

Paulay Ede utca 48
☎ 06 1 321 6672
www.sugarshop.hu
Lun. 12h-22h, mar.-dim. 10h30-22h.

Derrière l'excellent restaurant Két Szerecsen (p. 77) se cache une pétillante confiserie qui se voue corps et âme à la pâtisserie fantaisie et au bonbon industriel des années 1970, façon marshmallows, bubble gums, sucettes géantes et oursons gélifiés (de 390 à 850 Ft les 100 g). C'est surréaliste mais ça vaut le détour !

❼ Mai Manó Ház**

Nagymező utca 20
☎ 06 1 473 2666
www.maimano.hu
Lun.-ven. 14h-19h, sam.-dim. 11h-19h
Entrée plein tarif : 1 500 Ft.

Ne manquez pas, au sortir de l'Opéra, de jeter un œil sur la maison édifiée en 1894 pour Manó Mai, un photographe de la cour royale. Reprise en main par la Fondation hongroise de la photographie après un lifting plutôt réussi, elle déborde d'expos souvent intéressantes : rétrospectives d'artistes que l'on voit trop peu en France, portfolios de disciples de Kertész et Brassaï, clichés mélancoliques sur le Budapest des années 1960… Ne manquez pas le studio au 2e étage !

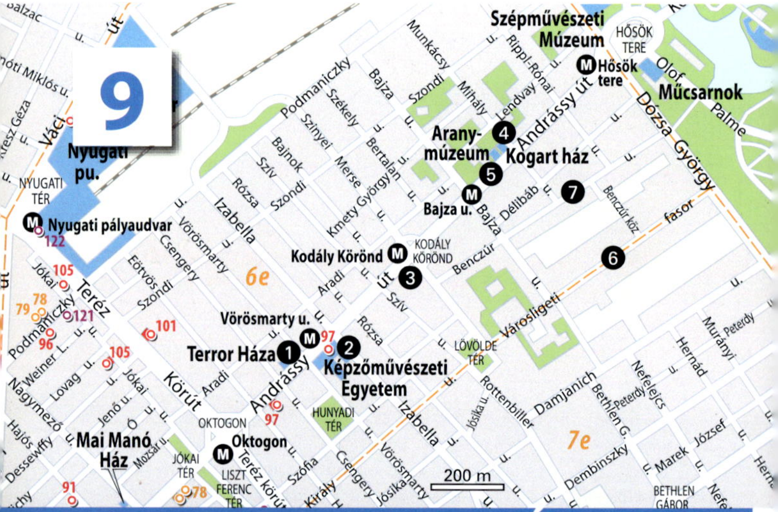

Sur les « Champs-Élysées » de Pest

Voir plan détachable C3/D2-3

L'étranger, bien souvent, se contente d'arpenter le tronçon occidental de l'Andrássy út. Ce en quoi il a tort. Car c'est après l'Octogone que la plus longue avenue de la capitale se fait plus ample et plus originale. Nous vous l'accordons : il n'y a pas l'ombre d'une boutique à l'horizon et plusieurs façades sont encore passablement ternies par la pollution. Mais les demeures que les diplomates et riches magnats y ont bâties devraient séduire les mordus d'architecture.

❶ Terror Háza***

(Maison de la Terreur)
Andrássy út 60
☎ 06 1 374 2600
www.terrorhaza.hu
Mar.-dim. 10h-18h

Audioguide en anglais
Entrée plein tarif : 2 000 Ft.

Certes, ce n'est pas un musée très rigolo. Toutefois, sa visite sera peut-être le souvenir le plus marquant de votre séjour à Budapest. Cet immeuble, en effet, fut non seulement le quartier général du parti des « Croix fléchées » (voir p. 36), mais aussi, dès 1945, celui de l'ÁVÓ – la police secrète, calquée sur le modèle du KGB – qui y avait ses archives, ses tables d'écoute et ses chambres de torture. Le bilan effroyable de la terreur qui a régné ici jusqu'en 1956 dépasse l'entendement.

❷ Képzőművészeti Egyetem**

(École des Beaux-Arts)
Andrássy út 71.

Voici maintenant Budapest sous son jour le plus… italien. Comme beaucoup d'immeubles de l'avenue Andrássy, l'École ou « faculté » des Beaux-Arts a été bâtie par Lajos Rauscher (1875) dans le style néo-Renaissance. Mais la technique du *sgraffito* utilisée ici pour décorer la façade (voyez la remarquable

frise de grotesques et de médaillons en or, brun et rouille sur fond noir !) lui donne un air de palais florentin.

3 Kodály körönd**

(Rond-point Kodály).
Autre ensemble architectural hors norme : le rond-point baptisé « Kodály körönd » en l'honneur du compositeur hongrois. Derrière les quatre squares en arc de cercle vous attendent quatre immeubles des années 1880. Privilégiez le n° 1 (l'ancienne demeure de Kodály, voir p. 129) et le n° 3 dont l'admirable grille, forgée par Gyula Jungfer, s'inspire de la rampe d'escalier d'une abbaye autrichienne.

4 Kogart ház**

Andrássy út 112
☎ 06 1 354 3836
www.kogart.hu
Lun.-ven. 10h-18h
Entrée plein tarif : 1 500 Ft.
Derrière la façade de cette coquette villa se cache, depuis 2004, la collection privée du mécène Gábor Kovács, ancien vice-président de la Citibank de Londres : 400 œuvres d'art, toutes hongroises, du XVIIIe s. à nos jours. Parmi elles, quelques perles dont *Colline près de Nagybánya* (1900) de Ferenczy (LE peintre de Szentendre) et l'émouvante *Petite fille dans le potager* de János Vaszary (1893).

5 Pour une mousse à la violette : Sövény Aladár teaház**

On ne compte pas le nombre d'aventuriers, d'anthropologues et de collectionneurs hongrois qui se sont passionnés pour l'Orient ! C'est le cas d'István Zelnik : son musée rutile de tout l'or khmer et javanais (entrée plein tarif : 3 400 Ft). Plus séduisants encore, le jardin à l'arrière et le salon de thé au sous-sol : un havre de paix où l'on peut déguster une mousse à la violette et un thé lilas et jasmin (990 Ft).

Andrássy út 110 (niv. -1 de l'Aranymúzeum)
☎ 06 1 482 3199
www.aranymuzeum.eu
Mar.-dim. 11h-17h (19h ven.-sam.).

6 Városligeti fasor**

« Pot-pourri » : c'est le premier mot qui vient à l'esprit pour qualifier cette allée « plus-résidentielle-tu-meurs » où la génération 1900 semble s'être donné le mot pour aligner ses petits travaux d'architecture : entre deux propriétés sous caméra, il y a un temple réformé vaguement finlandais (n°s 5-7), le Lycée évangélique plutôt néogothique (n°s 17-21) et la villa Egger typiquement Art nouveau (n° 24). Les accros du style 1900 (voir p. 64) pousseront jusqu'aux n° 33 (villa Vidor) et n° 47 (villa Körössy) dont les vitraux sont de vrais petits bijoux, signés Miksa Róth.

7 Benczúr utca*

Vous cherchez un coin tranquille et ombragé, loin des gaz d'échappement de l'avenue Andrássy ? Essayez la Benczúr utca, au cœur du quartier des ambassades. C'est l'une des rues les plus charmantes de Pest : vieux hôtels particuliers, villas Art nouveau...

Városliget, le « Bois-de-Ville »

Voir plan détachable D2-3/E2-3

Si vos charmants bambins sont las des musées et des boutiques, optez pour l'option « oxygène au Bois-de-Ville ». Cette poche de nature offre sur 1 km² toute une palette de distractions : un zoo avec 3 000 animaux, un étang pour le patin à glace ou le canotage, un formidable labyrinthe thermal, un château de carton-pâte et plein de sentiers pour préparer vos enfants au prochain semi-marathon !

1 Hősök tere**

C'est afin de commémorer dignement le millénaire de la Hongrie (1896) qu'Albert Schickedanz dessina à la lisière du Bois, dans l'axe de l'avenue Andrássy, cette emphatique « place des Héros » qui est devenue le terrain de jeu favori des manifestants du 1er Mai et des agités du skate-board. Au centre, une colonne de 36 m où l'archange Gabriel brandit la couronne du roi István. À ses pieds, les chefs des sept tribus magyares qui auraient conquis le pays. Et de part et d'autre de la place, deux mastodontes bâtis par le même architecte...

❷ Szépművészeti Múzeum***

(Musée des Beaux-Arts)
Hősök tere
☎ 06 1 469 7100 / 7211
www.szepmuveszeti.hu
Mar.-dim. 10h-18h
Visite guidée gratuite (en anglais) des collections permanentes mar.-ven. à 11h et 14h, sam. à 11h
Entrée plein tarif : 1 800 Ft
Voir « Pour en savoir plus » p. 56.

Fini les plafonds moisis, les éclairages au néon et les gardiennes acariâtres ! Derrière sa façade un peu empesée (1906), le musée des Beaux-Arts a fait peau neuve. Vous aurez tout loisir de le vérifier en arpentant ses enfilades de salles remplies d'antiquités grecques et de toiles de maîtres italiens, de délicieuses natures mortes hollandaises et d'un lot important de tableaux signés des meilleurs représentants de l'école espagnole (Velázquez, Goya, El Greco…). Au sous-sol : un café et des toilettes quasi high-tech.

❹ Állatkert**

(Zoo de Budapest)
Állatkerti körút 6-12
☎ 06 1 273 4901
www.zoobudapest.com
Lun.-jeu. 9h-18h30, ven.-dim. 9h-17h (parfois 16h en hiver, 19h mai-août)
Entrée plein tarif : 2 500 Ft.

Même si vous n'êtes pas d'humeur à taquiner Winnie l'Ourson ou à revoir pour la énième fois les pitreries des babouins, faites un saut à l'intérieur du zoo de Budapest : ses infrastructures, dessinées en 1912 par les *fiatalok*, un groupe d'architectes très inspirés (voir p. 65), constituent une véritable curiosité. Le portail est un palanquin pour ours polaires ; la maison des éléphants, une mosquée de Samarkand ; la volière, une église en bois de Transylvanie…

❺ Széchenyi gyógyfürdő***

(Complexe thermal Széchenyi)
Állatkerti körút 11
☎ 06 1 363 3210
www.szechenyifurdo.hu
T. l. j. 6h-22h
(thermes jusqu'à 19h)
Entrée plein tarif : 4 600 Ft (6h-8h et 19h-22h : 3 800 Ft).

Ce gros palais néobaroque, qui hésite entre le jaune moutarde et le crème vanille, est le plus grand établissement de bains d'Europe. Sports pratiqués : le barbotage à 38 °C, la brasse dans la piscine en plein air et le jeu d'échecs aquatique. Le meilleur moment pour goûter tranquillement aux

❸ Pour une pause au bord de l'eau : Robinson**

Juché sur un îlot du lac, Robinson séduit par ses grandes baies vitrées, offertes au soleil et au murmure de l'eau. Pas étonnant que l'on s'y presse comme à un défilé de mode : de Redford à Bowie en passant par la Cicciolina, beaucoup de stars (qui ne vous connaissent pas mais dont vous n'ignorez pas le nom) ont joué les « Crusoé » le temps d'une assiette de tapas (2 900 Ft) ou d'un saumon au fenouil avec vue sur les petits canards.

Városligeti tó
☎ 06 1 422 0222
www.robinsonrestaurant.hu
T. l. j. 12h-17h et 18h-23h – Plats : de 3 300 à 6 300 Ft.

charmes de cet éden vaporeux : le matin. La meilleure saison : l'hiver, lorsque les eaux chaudes fument au contact de l'air glacé et que les terrasses s'habillent de neige. On se croirait alors dans le décor fantomatique d'un film de Fellini… N. B. : ici, les caissières remboursent les baigneurs qui restent moins de deux heures !

6 Fővárosi Nagycirkusz*

Állatkerti körút 7
☎ 06 1 343 8300
www.fnc.hu
Mer., jeu., ven. 15h, sam. 11h, 15h et 19h, dim. 11h et 15h
Billets : de 1 900 à 3 900 Ft.

C'est le **cirque** de Budapest. Pour le plaisir des grands qui sont accompagnés de leurs petits (ou l'inverse), il accueille d'excellentes compagnies hongroises et étrangères. À l'affiche : un comique excentrique à mi-chemin entre Charlie Chaplin et Buster Keaton, un dompteur de martres, des skate-boarders acrobates et un géant qui porte trois chaises et une table sur son seul menton.

7 Holnemvolt Park*

Állatkerti körút 14-16
☎ 06 1 273 4900
www.zoobudapest.com
Mai-août : lun.-jeu. 10h-18h, ven.-dim. 10h-19h

Horaires réduits au printemps et en automne, f. en hiver
Entrée plein tarif : 500 Ft (gratuit avec le billet du zoo).

Cette annexe du zoo de Budapest, qui a ouvert ses portes en 2014 sous le nom de *Holnemvolt* (« Il était une fois »), a eu la bonne idée de conserver quelques-unes des attractions de l'ancien Vidámpark : entre deux autruches et trois flamants roses, vous croiserez donc un vieux manège avec ses carrosses dorés et un vrai monument classé, l'hullámvasút (il n'existe que deux autres « montagnes russes » du même genre, au Danemark et en Finlande). Le prix des attractions ? 1 ou 2 jetons à 200 Ft.

8 Sipeki Balázs-villa*

Hermina út 47.

À l'intention des groupies d'Ödön Lechner (voir p. 65), voici l'une des rares villas que cet architecte de génie a dessinées, avant de mourir dans l'anonymat et la pauvreté. On y retrouve quelques-uns des ingrédients chers au chantre de l'Art nouveau : une façade asymétrique, des murs aux contours sinueux, un bow-window en forme de volière, un minaret, des décors inspirés de motifs traditionnels hongrois… Le tout n'est pas sans rappeler la Casa Battló de Gaudí à Barcelone. Serait-ce sa petite cousine ?

9 Közlekedési Múzeum**

(Musée des Transports)
Városligeti körút 11
☎ 06 1 273 3840
www.mmkm.hu
Mar.-ven. 10h-17h (16h oct.-avr.), sam.-dim. 10h-18h (17h oct.-avr.)
Entrée plein tarif : 1 600 Ft.

Ce musée, très original, invite jeunes et moins jeunes à un voyage au pays des transports. Au choix : des locos et des bateaux à vapeur, des diligences et des vélocipèdes, mais aussi de drôles d'automobiles, comme le taxi Mág, utilisé jusque dans les années 1950. On peut toucher, jouer au chef de gare et apprendre une foule de choses sur le réseau hongrois, qui était l'un des plus sophistiqués d'Europe dans les années 1890. En voiture ! Le département

« aviation », nettement moins exaltant, est relégué au **Petőfi Csarnok** (voir p. 107).

⑩ Mezőgazdasági Múzeum*

(Musée de l'Agriculture)
Vajdahunyad vára
Vajdahunyad sétány
☎ 06 1 422 0765
www.mezogazdasagimuzeum.hu
Avr.-oct. : mar.-dim. 10h-17h
Nov.-mars : mar.-ven.
10h-16h, sam.-dim. 10h-17h
Entrée plein tarif : 1 100 Ft.

Dans la série « que faire pour distraire les enfants tout en s'instruisant ? », il y a aussi le musée de l'Agriculture, logé dans l'aile baroque de Vajdahunyad. Le rez-de-chaussée leur dira tout sur les animaux domestiques du bassin des Carpates, des gros chiens de berger aux « minitoutous » hongrois : le *puli*, le *pumi*, le *mudi*... Une salle est consacrée aux techniques de séchage du piment, aux vendanges, aux herbes médicinales et aux fruits de la campagne.

⑪ Műjégpálya**

(Patinoire)
Olof Palme sétány 5
☎ 06 1 364 0013
www.mujegpalya.hu
Entrée plein tarif : 1 500 Ft (2 000 Ft le w.-e.) ; location patin : 700 Ft l'heure (caution : 10 000 Ft).

Dans la hotte du Bois-de-Ville, il y a une autre attraction qui ne devrait pas laisser de glace les plus intrépides : la patinoire. D'autant que c'est la plus vaste d'Europe : 18 000 m² de glisse à ciel ouvert, pour la grande joie des néophytes et des vrais pros qui en sont déjà au triple axel. Avant de jouer à *Holiday on ice*, vérifiez tout de même que le loueur a encore des patins à votre taille.

⑫ Műcsarnok*

Dózsa György út 37
☎ 06 1 460 7000
www.mucsarnok.hu
Mar.-mer. et ven.-dim.
10h-18h, jeu. 12h-20h
Entrée plein tarif : 1 800 Ft.

Si vous voulez voir à quoi ressemblent les fameuses céramiques de Zsolnay (voir p. 117), arrêtez-vous un instant devant la façade de cette « **halle des arts** » édifiée en 1896 : elle est habillée de délicates frises florales et autres bas-reliefs en pyrogranite. À l'intérieur : des expos temporaires de plasticiens contemporains, qui suscitent parfois de vives polémiques, et (au sous-sol) une librairie sympa, pleine de posters et d'albums souvent soldés à des prix très attractifs.

⑬ Vajdahunyad vára**

Dans le cadre des fêtes du millénaire de la Hongrie, les organisateurs avaient projeté de créer à Budapest une grande exposition nationale qui montrerait aux visiteurs mille ans d'architecture hongroise. Ignác Alpár remporta le concours en imaginant de juxtaposer des copies des monuments les plus prestigieux du pays. Ses pavillons eurent un tel succès qu'ils furent reconstruits en dur dès 1906. Résultat : le **château de Vajdahunyad,** un château de contes de fées formé d'une chapelle romane, d'une loggia gothique, d'une façade Renaissance et d'une aile baroque. C'est éclectique « à mort », rigolo et limite « Disneyland ».

Erzsébetváros,
les ombres de l'ancien ghetto

Voir plan détachable C3-4/D3-4

En 1944, les nazis avaient contraint la communauté juive de Budapest à se regrouper entre les rues Wesselényi, Rumbach et Akácfa. Soixante-dix mille personnes étaient ainsi confinées dans une poignée d'immeubles, à la merci de cruels miliciens, les « Croix fléchées », qui pillaient et tuaient à tour de bras. Aujourd'hui, même s'il est encore imprégné des atrocités de la guerre, Erzsébetváros n'est plus un périmètre gris et délabré : le soir venu, c'est l'un des quartiers les plus animés de la capitale !

1 Dohány utcai Zsinagóga★★★

(Synagogue de la Dohány utca)
Dohány utca 2
☎ 06 1 343 0420
www.dohanyutcaizsinagoga.hu
Mars-oct. : dim.-jeu. 10h-17h30, ven. 10h-15h30
Nov.-fév. : dim.-jeu. 10h-15h30, ven. 10h-13h30
Visites guidées à 10h30, 11h30, 12h30 et 13h30
Entrée plein tarif : 2 500 Ft
Voir « Pour en savoir plus » p. 57.

Voici la plus grande synagogue du monde – après celle de New York – et l'un des édifices les plus rutilants de Budapest : décorée par Frigyes Feszl dans le goût romantico-mauresque qui faisait les délices des années 1850, elle a été superbement restaurée grâce aux subsides de l'État hongrois et de l'acteur Tony Curtis. Attardez-vous aussi dans le **Musée juif** attenant (*Zsidó Múzeum*) qui conserve de poignantes photos du ghetto.

❷ Raoul Wallenberg emlékpark**

Accès depuis la synagogue (visible depuis Wesselényi utca 1).

Ce « jardin du souvenir », où le sculpteur Imre Varga a planté un saule pleureur en acier, porte le nom de l'homme d'affaires suédois Raoul Wallenberg qui réussit, entre juin 1944 et janvier 1945, à sauver des dizaines de milliers de juifs, en les cachant en lieu sûr et en leur accordant des passeports suédois. Moins chanceux que ses protégés, le héros fut arrêté par les Soviétiques et expédié à Moscou dans un cachot du KGB.

❸ Gozsdu-udvar**

Király utca 13/Dob utca 16.

Le « passage Gozsdu » a perdu de son âme depuis qu'il brille comme un sou neuf. Ceux qui l'ont connu avant 2008 se souviennent encore de la grille noire de suie et des murs rongés par la ruine : son enfilade de cours, qui aurait pu servir de décor de cinéma pour une scène de rafle, était le cœur de l'ancien ghetto. Il avait été construit en 1904, sur les plans de Győző Czigler, par une association caritative. C'est désormais une longue suite de bars qui ne désemplissent pas !

❺ Rumbach Zsinagóga**

Rumbach Sebestyén utca 11-13
☎ 06 1 343 0420
www.rumbachutcaizsinagoga.hu
Occasionnellement ouv. dim.-jeu. 10h-15h30 ou ven. 10h-13h.

La synagogue de la rue Rumbach – où 18 000 juifs « sans papiers » furent enfermés en août 1941 avant d'être déportés et assassinés en Ukraine – est en cours de restauration. Depuis cinquante ans, elle était à l'abandon, barricadée derrière des palissades. Elle avait pourtant été construite en 1872 d'après les plans d'Otto Wagner – le pionnier de la Sécession viennoise – dans un superbe style mauresque qui rappelle un peu l'Alhambra de Grenade… Jetez un œil sur sa façade !

❹ Pour une pause en musique : Spinoza*

Derrière cette devanture à l'enseigne du penseur hollandais se cache non pas un obscur club où des étudiants en philo passeraient leur temps à cogiter sur le salut de l'âme, mais un cabaret-galerie qui fait aussi restau : on y sert un « café à la Dob » à base de Bailey's, des plats végétariens (1 850 Ft) et de roboratifs mets mitonnés presque comme à l'époque de Spinoza, dans le genre médaillons de mangalica au thym et riz pilaf. Concerts le vendredi (klezmer) et le samedi (manouche) à 19h.

Dob utca 15
☎ 06 1 413 7488
www.spinozahaz.hu
T. l. j. 8h-23h
En sem., menu du jour 950 Ft.

❻ Arioso**

Király utca 9
☎ 06 1 266 3555
www.arioso.hu
Lun.-ven. 10h-19h, sam. 10h-16h.

Vous cherchez le petit détail qui mettrait vos sens en éveil et votre intérieur en valeur ? Sonnez chez Arioso ! Ils proposent des vases fluides et des pots craquelés pour d'habiles compositions florales, des meubles en bois signés Günther Lambert, de jolies bougies et bien d'autres idées de déco qui invitent au cocooning. En prime : un café dans la courette, idéal pour siroter un *latte macchiato* ou un thé au jasmin.

❼ Fröhlich*

Dob utca 22
☎ 06 1 266 1733
www.frohlich.hu
Lun.-jeu. 9h-18h, ven. 9h-14h, dim. 10h-18h (f. lors des fêtes juives).

Ne vous fiez pas aux apparences : cette devanture un peu morne cache une véritable institution qui sert les grands classiques de la pâtisserie juive et austro-hongroise. La déco n'a quasiment pas changé depuis 1953, mais « Papi » Fröhlich, lui, est passé maître dans l'art du *flódni* fourré aux pommes, noisettes et pavot (1 450 Ft). Modeste sélection de thés en sachet.

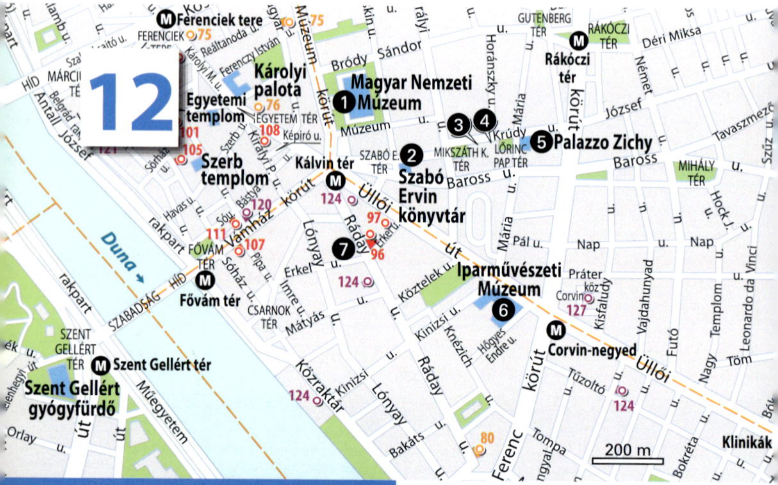

Au-delà de la place Kálvin

Voir plan détachable C4-5/D4-5

Osez les abords de la Kálvin tér : c'est un mélange de sérieux et de bohème, de guindé et de « déglingué », dans lequel les façades se dérident l'une après l'autre. Pour preuve, l'insolite rue Krúdy où babas et branchés font escale, le temps d'un verre parmi dragons bleus et faux bambous. Quant à la quasi piétonne Ráday, elle est squattée par une quarantaine de bars-restaurants, très animés le soir, dont le très récent Costes (p. 71) et le tout nouveau Púder (p. 124) !

1 Magyar Nemzeti Múzeum★★★

(Musée national hongrois)
Múzeum körút 14-16
☎ 06 1 338 2122
www.mnm.hu
Mar.-dim. 10h-18h
Audioguide en français
Entrée plein tarif : 1 600 Ft
Voir « Pour en savoir plus » p. 58.

Certains le disent ennuyeux, mais cet imposant musée aux allures de temple grec (8 000 m²) devrait vous livrer les clés de l'histoire de la Hongrie, depuis le bel âge du bronze jusqu'à 1990 en passant par l'art des steppes et le réalisme socialiste. À ne pas manquer : les stalles de Nyírbátor (1511 ; salle 6), les selles d'apparat incrustées d'ivoire, le fauteuil du prince Rákóczi et les affiches à la gloire des paysans au travail.

P.-S. : les joyaux de la Couronne sont exposés au Parlement (voir p. 52).

2 Szabó Ervin könyvtár★★

Szabó Ervin tér 1
☎ 06 1 411 5000 / 5066
www.fszek.hu
Lun.-ven. 10h-20h, sam. 10h-16h.

Le palais néobaroque du comte Wenckheim, aujourd'hui converti en bibliothèque publique, fait partie de ces quelques nobles demeures (à l'instar du palais Almássy au nº 2 de la rue Ötpacsirta) qui ont été bâties au XIXᵉ s. dans

le voisinage, alors très chic, du Musée national. Le décor de la salle de lecture est fort séduisant, ainsi que la grille en fer forgé, signée Gyula Jungfer.

3 Darshan udvar*

Krúdy utca 7
☎ 06 1 266 5541
www.darshan.hu
T. l. j. 11h-minuit.

Nous vous avions prévenu : il est des arrière-cours, à Budapest, qui dissimulent des lieux improbables et tout à fait extravagants. Celle-ci surfe sur la vague bouddhique et navajo. Si la tête vous tourne, vous pouvez toujours vous affaler en terrasse devant un verre d'Unicum (710 Ft), ou dans les entrailles du café – savant cocktail de *pueblo* mexicain et de yourte mongole – qui remportent haut la main la palme du dépaysement.

4 Iguana*

Krúdy utca 9
☎ 06 1 317 1627
Lun.-ven. 10h-18h, sam. 10h-14h.

Q.G. des trentenaires en mal de sixties, ce temple de la fripe déploie dans un cadre multicolore des trésors de nippes rétro et kitschissimes à prix cassés : vestes de trappeur à franges, chemises en daim, velours ou cuir, jupettes de Claudette pour soirée décalée et trip baba. Ceux qui jugeraient ces panoplies trop régressives pourront se rabattre sur le rayon années 1970 : il y en a aussi tout un pot-pourri.

5 Palazzo Zichy**

Lőrinc pap tér 2
☎ 06 1 235 4000
www.hotel-palazzo-zichy.hu

Une idée de pied-à-terre pour votre séjour à Budapest ? Le palais où résidait le comte Nándor Zichy (1829-1911) a été racheté pièce par pièce à des particuliers pour être métamorphosé avec brio (2009) en un hôtel 4 étoiles de 75 chambres et 5 suites dans un style qui se situe à mi-chemin entre le néobaroque et le design. Le prix ? Entre 59 et 93 € la chambre, hors saison. Jetez un œil sur le hall : c'est bluffant !

6 Iparművészeti Múzeum***

(Musée des Arts décoratifs)
Üllői út 33-37
☎ 06 1 456 5107
www.imm.hu
Mar.-dim. 10h-18h
Entrée plein tarif : 2 000 Ft.

Ce musée des Arts décoratifs a été conçu à la manière d'une rhapsodie orientale par le génial Ödön Lechner (voir p. 65) qui l'a doté d'un vestibule tout en céramiques jaunes et vertes et d'un grand hall blanc aussi meringué que l'Alhambra de Grenade. Son premier étage est saupoudré d'objets des plus exquis : vases de Zsolnay (p. 117), faïences de *haban* (p. 114), porcelaine de Herend (p. 116), canapé vénitien rococo... Un régal.

7 Pour une pause décontractée : Soul Café**

Musique douce, lumière tamisée, murs rehaussés d'or et d'orange avec, au choix, sofas, fauteuils ou tabourets design : le Soul a tout pour plaire et s'impose comme une judicieuse alternative aux bars à kebabs, pizzerias et autres pubs « écossais » qui fleurissent dans la rue Ráday depuis qu'on la « relifte ». Au menu : des salades, des sandwichs mais aussi un assortiment de fromages et charcuteries du pays (2 290 Ft).

Ráday utca 11-13
☎ 06 1 217 6986 – www.soulcafe.hu
T. l. j. 12h-1h.

Millennium City Center

Voir plan détachable D5 et HP par D5

Voici, en avant-première, le futur Millennium City Center (*Millenniumi városközpont*), le nouveau quartier que l'on est en train de bâtir en bordure du Danube, dans le IXe arrondissement. Pour l'instant, trois institutions culturelles y ont déjà vu le jour : le Théâtre national, le palais des Arts et le musée Ludwig. Le reste est encore en chantier mais pas de panique : le port du casque n'est pas obligatoire !

❶ Bajor Gizi park*

Pour se rendre dans ce nouveau quartier, c'est ultrasimple : il suffit d'emprunter le tram 2 en direction de Közvágóhíd et de descendre à l'arrêt Haller utca. À droite, la petite Haller János kapu vous conduira dans un parc qui porte le nom de l'illustre actrice hongroise, Gizi Bajor (1893-1951). Un parc assez théâtral, du reste, avec rideau de scène en marbre et façade de temple grec gisant au fond de l'eau. De la ziggourat (pyramide), superbe vue panoramique sur le fleuve.

❷ Nemzeti Színház**

(Théâtre national)
Bajor Gizi park 1
☎ 06 1 476 6868
www.nemzetiszinhaz.hu
Billetterie : lun.-ven. 10h-18h, sam.-dim. 14h-18h.

Beaucoup jugent son architecture d'une laideur absolue. D'autres en parlent comme d'une véritable « tragédie ». Pourtant, le Théâtre national, qui a cristallisé tous les débats au début des années 2000, est une excellente scène, ouverte aux auteurs du XXᵉ s. (Tabori) et aux jeunes talents (Mundruczó). Des troupes étrangères y jouent régulièrement en v. o.

❸ Művészetek Palotája (MűPa)*

(Palais des Arts)
Komor Marcell utca 1
☎ 06 1 555 3300
www.mupa.hu
T. l. j. 10h-18h (et soirs de représentation).

Après le Théâtre national vient le palais des Arts. Il vous paraît plus austère que son voisin ? Normal : le « MűPa » n'a pas été construit pour le plaisir des yeux mais pour celui des oreilles ! Cette massive structure, due à Gábor Zoboki (2005), sert de coquille à l'auditorium Béla Bartók, une salle de concerts que l'on vous recommande chaudement pour ses qualités acoustiques (voir p. 126) !

❹ Hangfürt*

Komor Marcell utca 1
☎ 06 1 555 3370
Lun. 14h-20h, mar. 13h-20h, mer.-dim. 10h-20h.

Même si vous n'avez pas un besoin immédiat de l'intégrale de Liszt, poussez la porte de cette miniboutique de CD ! Ses prix sont attractifs : pour 2 500 Ft, vous pourrez emporter IMA de Peter Eötvös. Au cas où vous vous poseriez la question : *hangfürt*, c'est un cluster, un « agrégat de sons simultanés » qui se produit lorsqu'on frappe le clavier d'un piano avec tout l'avant-bras, le coude ou le plat de la main. Et si jamais Hangfürt est fermé, frappez chez son voisin (Rózsavölgyi, ☎ 06 1 555 3368, mêmes horaires).

❺ Ludwig Múzeum**

Komor Marcell utca 1
☎ 06 1 555 3444
www.ludwigmuzeum.hu
Mar.-dim. 10h-18h
Entrée plein tarif : de 800 à 1 900 Ft selon exposition.

Avis aux amateurs d'art contemporain : le « LuMu », fondé par l'industriel et mécène allemand Peter Ludwig, programme souvent de bonnes expos (la rétrospective du photographe Martin Munkácsi, par exemple) ! L'occasion de découvrir le paysage artistique de l'Europe centrale qui reste encore, pour beaucoup d'Occidentaux, une *terra incognita*. Les musts de la collection ? L'installation de Miklós Erdély (*Secret militaire*), les photos de Bálint Szombathy (Lénine à Budapest)...

❼ Zwack**

Soroksári út 26 (entrée par Dandár utca)
☎ 06 1 476 2383
www.zwack.hu
Lun.-ven. 10h-18h
Entrée plein tarif : 1 800 Ft, avec audioguide et dégustation.

Une raison de plus pour visiter le quartier : la distillerie Zwack, qui produit l'Unicum ! Dans le **musée** attenant, un film de 20 min vous dira tout des péripéties du plus fameux de tous les digestifs hongrois (p. 113) : comment le père Zwack a réussi à fuir la Hongrie communiste en emportant la recette aux États-Unis et comment Dorottya Zwack, alias Tante Dodo, s'est retrouvée internée dans un camp avant de devenir l'employée de son entreprise nationalisée.

❻ Pour un jus de fruits bio : P'Art Café*

Un petit creux au MűPa ? Vous avez deux options : l'élégant **Bohém** (p. 81) ou, moins cher et moins guindé, le **P'Art Café,** situé au rez-de-chaussée du musée Ludwig. Vous pourrez y grignoter à toute heure une part de pizza, un sandwich poulet-fromage, siroter un thé vert ou un jus de cerises bio Hungarika (440 Ft). Le petit plus ? La terrasse aux beaux jours, qui donne sur le Danube.

Komor Marcell utca 1 – ☎ 06 1 555 3369
T. l. j. 10h-18h (et soirs de spectacle).

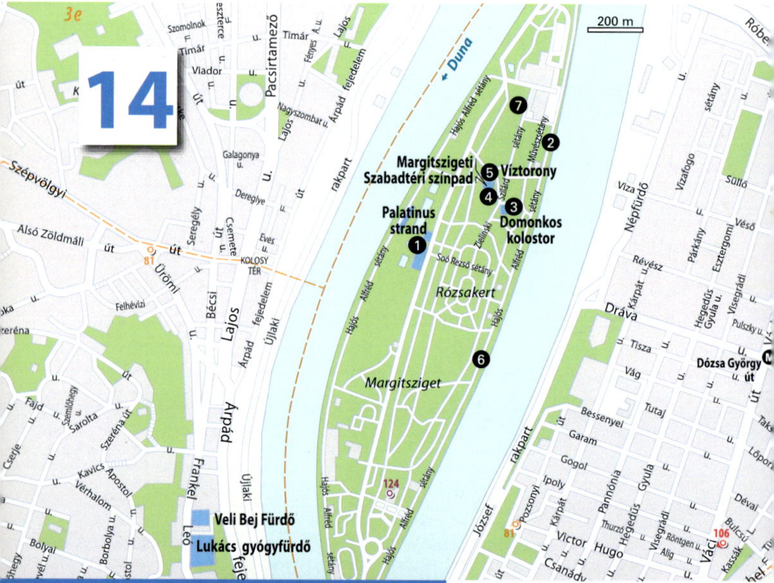

Margitsziget, l'île du farniente

Voir plan détachable B2/C1-2

Pour les religieux contemplatifs du Moyen Âge comme pour les curistes de la fin du XIXe s., l'île Marguerite a toujours été un lieu de retraite au milieu de la ville. Et depuis que l'archiduc Joseph de Habsbourg l'a transformée en jardin, elle est devenue aussi l'un des plus beaux parcs de Budapest. Rien ne saurait manquer aux mordus du plein air et de la détente : allées ombragées, parterres de fleurs, aires de jeux, terrains de sport, sources thermales… À vos maillots !

❶ Palatinus strand**

☎ 06 1 236 0040
www.palatinusstrand.hu
Mai-août : t. l. j. 9h-19h
Entrée plein tarif : 2 400 Ft la semaine, 2 800 le w.-e.

Des envies de plongeon ? Cela tombe bien : la « plage » Palatinus a 7 bassins en plein air répartis sur une pelouse de 70 000 m^2. Au programme : piscines à vagues, à toboggans, à 27 °C ou – pour les frileux et les indolents – à 38 °C. Jetez tout de même un œil, entre deux brasses, sur l'architecture de ce « Lido hongrois », conçu par Janáky (1937) dans le même style fonctionnel que les grands chantiers de l'Italie fasciste.
Un conseil : évitez Palatinus les week-ends de canicule : la plage reçoit jusqu'à 10 000 baigneurs !

❷ Művészsétány*

Besoin de souffler au sortir de la piscine ? Traversez la roseraie (*rózsakert*) et flânez sur la « Promenade des artistes », à l'ombre des sophoras, des marronniers à fleurs rouges et autres arbres plantés par les jardiniers des Habsbourg. L'allée est jalonnée de bancs mais aussi, depuis 1966, d'une quarantaine de bustes d'hommes illustres : rien de tel qu'une sieste sous le regard de Liszt !

❸ Domonkos kolostor*

Zielinski Szilárd sétány.

Ces modestes vestiges sont ceux du couvent de dominicaines dans lequel Béla IV de Hongrie, en 1251, fit enfermer sa fille Marguerite (le roi avait fait vœu de la cloîtrer s'il parvenait à repousser l'invasion des Tatars : dès qu'ils eurent quitté le pays, la princesse fut envoyée dans l'île – elle avait à peine 9 ans – et condamnée à y vivre recluse jusqu'à sa mort en 1271). Elle sera canonisée en 1943.

❹ Margitszigeti Szabadtéri színpad*

Zielinski Szilárd sétány
☎ 06 1 340 4196
www.szabadter.hu

Vous n'aimez pas les lieux clos ni les salles obscures ? Optez pour le **théâtre de l'île Marguerite** (3 000 places) : il donne régulièrement en été des spectacles en plein air (défilés de mode, concerts, ballets, opéras rock genre *Jézus Krisztus szupersztár*...). Ouverture des caisses à 16h, début des représentations à 20h30. Dans l'intervalle, il est toujours possible de prendre un verre au pied du vieux château d'eau (1911)...

❺ Víztorony**

☎ 06 1 340 4196
www.szabadter.hu
Juin-sept. 11h-20h (23h les jours de spectacles)
Entrée plein tarif : 600 Ft.

... ou d'y grimper ! Car ce château d'eau (*víztorony*), de 57 m de hauteur, est accessible au public depuis 2012 ! On peut gravir ses 152 marches pour admirer le panorama à 360° sur l'île Marguerite. Pour la petite histoire, son architecte (Szilárd Zielinszki) s'est inspiré des réalisations d'un ingénieur français : François Hennebique, l'inventeur du béton armé.

❻ Hajós Alfréd sétány*

Si la promenade aménagée sur le pourtour de l'île, entre berges et bosquets, permet de s'adonner aux joies du footing, elle a aussi le mérite d'offrir un point de vue intéressant sur les immeubles d'Újlipotváros, bâtis dans les années 1930. Inspirés par l'esthétique du Bauhaus et l'urbanisme nord-américain, leurs appartements, qui étaient à l'époque la vitrine de la modernité, sont toujours très cotés et comptent parmi les meilleurs exemples du genre en Hongrie.

❼ Pour un brunch champêtre : Széchenyi étterem*

Ce n'est pas seulement le restaurant du prestigieux Grand Hôtel Margitsziget : c'est aussi l'endroit idoine pour un remake du *Déjeuner sur l'herbe*. Tous les jours ensoleillés, de 12h à 15h, un buffet est servi en terrasse, parmi les platanes... que l'on soit jogger ou lève-tard. Au choix : une dizaine de plats et de salades très champêtres.

Zielinski Szilárd sétány
☎ 06 1 889 4700 – T. l. j. 12h-15h et 18h-23h
Résa. recommandée – Buffet : 5 450 Ft.

15

Szentendre, bohème et balkanique

Voir plan détachable HP par B1

Szentendre n'en finit pas de séduire. Au XVIIe s. déjà, des familles serbes, dalmates et grecques avaient choisi cette bourgade pour refuge. Est-ce sa touche balkanique qui attire comme un aimant peintres, écrivains et touristes ? Est-ce la lumière de ses maisons baroques, à l'heure où elles sourient aux derniers rayons du soleil ? À vous de juger : elle n'est qu'à 19 km de Budapest et pour vous y rendre, il suffit de prendre le train HÉV au départ de Batthyány tér (voir p. 135).

1 Ferenczy Múzeum**

Kossuth Lajos utca 5
☎ 06 26 920 990
www.femuz.hu
Mar.-dim. 10h-18h
Entrée plein tarif : 1500 Ft.

Comme votre promenade sera très « artiste », autant la commencer par le meilleur de tous, Károly Ferenczy, le chantre de la peinture de plein air, dont vous avez peut-être vu le superbe *Octobre* conservé à la Galerie nationale (voir p. 10). Quelques-unes de ses toiles sont exposées ici, à côté des œuvres de sa femme et de ses trois enfants.

2 Blagovesztenszka**

(Église Notre-Dame-de-l'Annonciation)
Angle Fő tér/Görög utca
Mar.-dim. 10h-17h
Entrée plein tarif : 400 Ft.

C'est en 1752 que la petite colonie grecque établie à Szentendre a fait appel à l'architecte Andreas Mayerhoffer pour donner à l'église Notre-Dame-de-l'Annonciation sa fière allure baroque. L'intérieur, lui, obéit aux canons du rite orthodoxe : entre les stalles vertes et la chaire enguirlandée de fleurs, une ravissante iconostase rococo (1790), à déguster sur fond de chœurs slaves.

❸ Palmetta*

Bogdányi utca 14
☎ 06 26 313 649
www.palmettadesign.hu
T. l. j. 10h-18h (en hiver : jeu.-ven. 10h-17h, sam.-dim. 10h-18h).

Si vous voulez voir à quoi ressemble le design hongrois, poussez la porte de Palmetta, l'une des rares galeries qui exposent les travaux de créateurs contemporains. Dans une belle salle toute de brique et voûtée, toute la collection des petites figurines Folqa (6 000 Ft), des textiles d'Anna Regös et de drôles de meubles, signés de son mari István.

❹ Dunakorzó*

Les peintres qui passaient les beaux jours à Szentendre dans les années 1920 venaient souvent camper leur chevalet sur cette berge du Danube, face à la longue île verdoyante qui divise le fleuve en deux bras. Un petit bac (au bout de la Halász utca) permet de gagner l'autre rive de ce site enchanteur, très propice, vous l'auriez parié, aux balades, aux bains de soleil et au canotage.

❺ Művészet Malom*

Bogdányi utca 32
☎ 06 26 310 244
www.pmmi.hu
Mar.-dim. 10h-18h
Entrée plein tarif : 1 000 Ft.

Avant de partir à l'assaut de la colline (le petit escalier de la ruelle « Borpince » situé juste derrière l'église Preobrazsenszka vous y conduit en quelques marches), arrêtez-vous au Művészet Malom ! Cette ancienne scierie, où l'on projetait des films muets vers 1911, a été récemment convertie en espace culturel.

Au menu : des expos souvent très intéressantes autour de la colonie d'artistes de Szentendre mais aussi des installations plus contemporaines…

❻ Várdomb***

La « colline du château » (Várdomb) offre une vue imprenable sur le Danube et le moutonnement des toits de la vieille ville. Y flâner est un plaisir : jardins secrets, places ombragées, ruelles bordées par les anciens caveaux des vignerons dalmates… Ne partez pas sans avoir jeté un œil sur l'église de la **Beograda**, siège de l'évêché orthodoxe, et les icônes de la collection d'art ecclésiastique serbe (**Szerb Egyházi Múzeum**, Pátriarka utca 5, ☎ 06 26 312 399, mar.-dim. 10h-18h, 16h l'hiver).

❽ Skanzen***

(Écomusée de Szentendre)
Sztaravodai út
☎ 06 26 502 500
www.skanzen.hu
Avr.-oct. : mar.-dim. 9h-17h
Mars : sam.-dim. 10h-16h
Entrée plein tarif : 1 800 Ft
Voir « Pour en savoir plus » p. 59.

Et que diriez-vous d'un petit plongeon au cœur de la campagne hongroise ? Ce musée ethnographique en plein air, à 3 km du centre-ville, mériterait à lui seul le voyage à Szentendre. Sur un terrain de 46 ha sont réunis quelques-uns des plus beaux échantillons de l'habitat rural (chaumières, fermes, moulins…) et de leur mobilier traditionnel. L'été, des artisans y perpétuent les gestes d'antan : c'est aussi bucolique qu'instructif.

❼ Pour une pause légumes grillés : Művész étterem*

Vous aimez les grillades et les tables sous la treille ? Arrêtez-vous chez « l'Artiste » (*Művész*) : ce n'est pas le restaurant le plus réputé de Szentendre mais il séduit par sa courette et par les bonnes odeurs de légumes (1 780 Ft l'assiette) qui s'échappent de son porche. L'addition est honnête : comptez 2 780 Ft pour une truite (*pisztráng*) rôtie aux amandes.

Dumtsa Jenő utca 7
☎ 06 26 311 484
www.ujmuvesz.hu
T. l. j. 11h-23h.

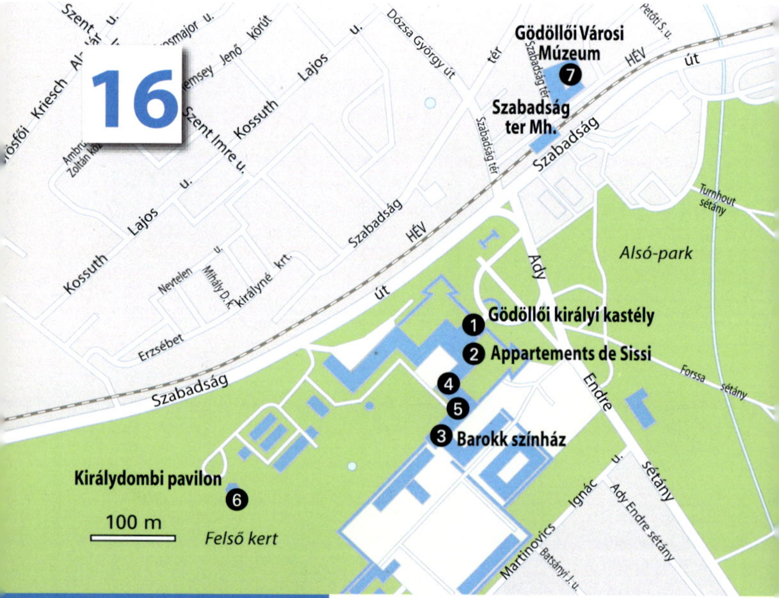

Gödöllő, si cher à Sissi

Voir plan détachable HP par F3

Prêt(e) pour une autre escapade dans les environs de Budapest ? Prenez le métro jusqu'à Örs Vezér tere, terminus de la ligne rouge, et empruntez le HÉV (il y en a deux par heure) ! Pour 370 forints (voir p. 135), il vous déposera cinquante-quatre minutes plus tard à la station Gödöllő Szabadság tér, au pied d'un superbe château baroque de 17 000 m² qui fut la résidence préférée de Sissi, impératrice d'Autriche et reine de Hongrie.

❶ Gödöllői királyi kastély***

Szabadság tér
☎ 06 28 410 124
ou ☎ 06 28 420 588
www.kiralyikastely.hu
Avr.-oct. : t. l. j. 10h-18h
Nov.-mars : lun.-ven. 10h-16h, sam.-dim. 10h-17h
Entrée plein tarif : 2 200 Ft.

C'est au comte Antal Ier Grassalkovich, directeur du Trésor royal, que l'on doit la construction, entre 1735 et

1771, de cette aristocratique demeure. Un siècle plus tard, en 1867, l'État hongrois en fit don à l'empereur d'Autriche François-Joseph, roi de Hongrie, et à son épouse Élisabeth alias Sissi (pour la remercier de son rôle actif dans la signature du Compromis austro-hongrois). Sissi aimait beaucoup s'y réfugier, en octobre surtout, à l'heure où la forêt se pare de teintes mélancoliques.

❷ Les appartements de Sissi***

Après cinquante années d'incurie (l'armée soviétique l'avait réquisitionné pour en faire un hôpital de campagne !), le château a retrouvé son décor

de stucs dorés et quelques-uns des meubles de la reine : le cabinet de travail où elle s'appliquait à apprendre le hongrois, le ravissant canapé sur lequel elle s'asseyait à la gare de Gödöllő (car Sissi aussi venait en train)... Il y a même un tableau de Lajos Márk la montrant avec sa fille Giselle devant la pâtisserie Gerbeaud (voir p. 23). Trop mignon !

❸ Barokk színház*

Visite guidée uniquement à 10h30, 11h30, 14h30 et 15h30 (durée : 30 min)
Entrée plein tarif : 1 400 Ft.

Dans l'aile sud du château, Antal II – fils d'Antal Ier – fit aménager en 1782 une bonbonnière ocre, rose et faux marbre : son petit théâtre baroque. Un théâtre très saisonnier puisque le comte ne résidait à Gödöllő que quelques semaines par an (chaque fois, il y venait accompagné de son orchestre privé de 24 musiciens). De tous les théâtres encore « actifs », c'est le plus vieux de Hongrie.

❺ Nosztalgiafotó*

Mobile ☎ 06 30 948 5799
www.nosztalgiafoto.hu
Lun.-ven. 10h-16h, sam.-dim. 10h-17h.

L'aile sud du château accueille aussi le petit studio de Gábor Pap où, pour 5 000 Ft, vous pourrez vous faire tirer le portrait, vêtu en habits de la Cour. Les vêtements et accessoires sont sur les cintres, la photo est prête au bout de quelques minutes !

❻ Királydombi pavilon*

Enfin, derrière le château s'étend, sur 26 ha, le **Jardin haut (Felsö kert)** qu'Antal Ier avait agrémenté, dans les années 1760, de jets d'eau et de parterres de fleurs mais aussi d'une butte artificielle – la « colline des rois » – sur laquelle il fit bâtir un petit pavillon hexagonal. Pourquoi ? Pour y accrocher 54 médaillons peints représentant les souverains de la Hongrie. Une galerie baroque pas banale, même si les portraits ne sont plus que des copies. Jetez-y un œil !

❼ Gödöllői Városi Múzeum**

Szabadság tér 5
☎ 06 28 422 002
www.museum.hu/godollo/varosi
Mer.-dim. 10h-16h
Entrée plein tarif : 600 Ft.

Avant de reprendre le train, faites un saut au musée municipal, derrière la gare. Vous trouverez dans la cour un marché de fruits et légumes (moins chers qu'à Budapest !) ; à l'étage, une vitrine consacrée à Sissi, des fresques vieux rose du XVIIe s. et plusieurs œuvres des nombreux artistes qui vinrent s'établir à Gödöllő entre 1900 et 1920 : tous adeptes de la vie au bon air, mystiques, plutôt végétariens, ils puisaient leur inspiration dans les arts populaires. À l'époque, leurs créations connurent un vif succès. Surtout celles d'Aladár Körösföi-Kriesch, le fondateur de la colonie.

❹ Pour une pause Sissi : Kastély kávézó*

Les fans ne manqueront pas de faire un crochet par le café pour commander un doigt de *Sissi likör* (750 Ft) ou un gâteau à la violette – sa couleur préférée – histoire de sacrifier à la sissimania ambiante. Un culte qui ne date pas d'hier : dès le lendemain de son assassinat, la Hongrie lui érigea des statues et planta des milliers d'arbres en sa mémoire. Même pendant le régime communiste, on continua de lui vouer une vénération... discrète.

☎ 06 28 420 131
Lun.-ven. 10h-16h, sam.-dim. 10h-17h.

Magyar Nemzeti Galéria

Logée dans trois ailes du Palais royal de Buda, la Galerie nationale consacre une place de choix à la sculpture des XVe et XVIe s. ainsi qu'aux artistes, injustement méconnus, qui ont fait l'âge d'or de la peinture hongroise. Ne les boudez pas : leurs brassées de tableaux fleurent bon le foin frais, les coquelicots et les chardons bleus.

Aladar Körösföi-Kriesch, Zách Klára *(1911)*

Retables gothiques

Les dix *késögótikus szárnyasoltárok* (« retables du gothique tardif ») réunis dans l'ancienne salle du trône du Palais royal témoignent d'un art qui fleurissait en haute Hongrie entre 1460 et 1540 grâce au mécénat de riches notables et de pieuses confréries, mais aussi de la virtuosité des « tailleurs d'images » : pinacles et dais en bois ciselé, figures polychromes, bas-reliefs illustrant la passion du Christ ou la vie de la Vierge... Les volets étant fermés pendant la semaine, les fidèles ne pouvaient voir l'intérieur du retable que les jours de fête.

Peinture de plein air

Aux 1er et 2e étages sont exposés les chefs-d'œuvre des meilleurs représentants de la peinture de plein air (István Csók, Pál Szinyei Merse, Adolf Fényes, Károly Ferenczy) qui, dans les années 1870-1900, sillonnaient la campagne hongroise, leur palette sous le bras, pour observer les vibrations de la lumière sur les couleurs et tenter de restituer les délicates harmonies de la nature. Leurs études de nuages, scènes de la vie rurale et autres paysages de la Grande Plaine offrent une vision paisible et profondément humaniste qui tranche assez avec les tensions du monde environnant sur le point de basculer dans la Première Guerre mondiale.

> COORDONNÉES

Voir p. 10

• Galerie nationale
Palais royal (H8)
(bâtiments A, B, C et D)
Várbusz (bus n° 16 ou 16A), arrêt Disz tér
☎ 06 1 201 9082
www.mng.hu
Mar.-dim. 10h-18h
Entrée plein tarif : 1 400 Ft ; audioguide 800 Ft.

Mátyás-templom

Tout n'est pas que pastiche dans cette construction néogothique à fines dentelles de pierre et tuiles vernissées : du vieux *templom* dédié à Mathias, qui fut jadis l'église de la communauté allemande mais aussi la grande mosquée de Buda, Frigyes Schulek a tout de même conservé quelques vestiges authentiquement médiévaux…

La tour Mathias

Mátyás alias Mathias Corvin, qui a donné son nom à la tour sud et à l'église, était un souverain puissant qui réussit à contenir les Turcs et cultivait les arts : sous son règne, le château de Buda devint un foyer d'humanisme et sa bibliothèque, riche de 3 000 volumes, l'une des plus célèbres de la Renaissance. Son emblème était le corbeau – *corvinus* en latin – comme le rappelle le blason du 3e étage (fenêtre est de la tour).

L'intérieur

Chef-d'œuvre de l'éclectisme du XIXe s. ou mauvais décor d'opéra ? À l'évidence, les avis sont partagés. Mais ce décor extravagant, tout à la gloire des grandes figures chrétiennes du pays, n'en reste pas moins l'une des principales curiosités de l'église Mátyás. Vitraux et motifs ornementaux, puisés dans le répertoire des arts populaires hongrois, ont été conçus par Bertalan Székely et Károly Lotz.

Le trésor

Le petit **musée d'Art ecclésiastique** (*egyházművészeti gyűjtemény*), qui occupe la galerie supérieure et l'oratoire royal, offre un point de vue intéressant sur le chœur et réunit, entre autres précieux insignes, les chasubles qui furent utilisées lors du sacre de Charles IV de Habsbourg, dernier roi de Hongrie, et de son épouse, Zita de Bourbon-Parme (1916).

> COORDONNÉES

Voir p. 13

• Église Mathias
Szentháromság tér 2 (G7)
Várbusz (bus n° 16 ou 16A), arrêt Szentháromság tér
Entrée par le porche sud
☎ 06 1 355 5657
www.matyas-templom.hu
Lun.-ven. 9h-17h, sam. 9h-13h, dim. 13h-17h
Entrée plein tarif : 1 200 Ft.

Úri utca

La plus longue et la plus ancienne rue du quartier du Château reflète à merveille l'histoire turbulente de Buda : incendiée pendant le siège ottoman de 1526, reconstruite dans le style baroque à la libération (1686), de nouveau dévastée en 1945, elle a retrouvé son « pittoresque » grâce aux architectes qui ont tout fait pour la restaurer à l'identique en intégrant les précieux vestiges qu'ils ont eu la surprise de découvrir, après guerre, parmi les décombres.

Mária Magdolna templom

De l'église Sainte-Marie-Madeleine il ne reste plus, depuis 1945, que la tour qui se dresse sur la place Kapisztrán. C'était, du temps des Turcs, le seul sanctuaire laissé à la disposition des chrétiens (le chœur pour les catholiques, la nef pour les protestants). Aujourd'hui, un jeu de 24 cloches sonne toutes les 30 minutes des jingles composés par un pianiste de jazz sur des airs hongrois, des études de Chopin et... *Le Pont de la rivière Kwaï*.

Les *ülőfülkék*

En français, « niches à sièges ». Vous en verrez aux n°s 40, 38, 36, 32, 31... mais aussi dans les rues adjacentes. On ignore tout de leur fonction : ont-elles été conçues pour permettre aux veilleurs de nuit de se reposer sous le porche ou aux marchands d'installer leur étal ? Elles sont en tout cas uniques en Europe.

Les cours intérieures

La rue se distingue aussi par le charme de ses cours intérieures. C'est le cas du n° 19 qui appartenait au début du XVe s. à un dénommé Pipo d'Ozora, homme de confiance du roi Sigismond. À l'intérieur, tombe et cadran solaire.

> COORDONNÉES

Voir p. 14

• Rue des Seigneurs
Várnegyed (G7)
Várbusz (bus n° 16 ou 16A), arrêt Bécsi kapu tér.

Dunakorzó

Trop « frivole » aux yeux du parti, cette promenade qui surplombe le Danube fut longtemps négligée par les urbanistes qui l'ont passablement défigurée à coup de béton et de gros hôtels. Il est donc loin le temps où les élégantes y retrouvaient les riches bourgeois de Pest. Mais avec ses cafés en terrasse, ses parasols et ses glaciers, le *korzó* a toujours un petit air de vacances…

László Marton, La Petite princesse

L'esplanade

C'est d'ailleurs ici que l'on embarque pour Vienne et Szentendre (voir p. 44). Avant de lever l'ancre, prenez le temps de flâner sur l'esplanade, parmi les arbres et les statues (celle de la *Petite princesse* est due au ciseau de László Marton), d'admirer Buda – par beau temps, la vue est magique – et de jeter un œil sur l'église paroissiale de la Cité et sur l'église orthodoxe hongroise.

L'église orthodoxe hongroise

Construite entre 1791 et 1801 par des commerçants grecs et macédoniens qui s'étaient installés à Pest, la *Magyar Ortodox templom* est la plus grande des 19 églises et chapelles grecques de Hongrie, mais aussi la plus riche, comme en témoigne sa remarquable iconostase, chef-d'œuvre du Viennois Anton Kuchelmeister, que l'on peut admirer aussi en dehors de l'office (mer., ven. et sam. 15h-17h, dim. 12h-17h).

L'église paroissiale de la Cité

En hongrois : *Belvárosi plébánia templom*. C'est le plus ancien sanctuaire de Pest, puisqu'il aurait été fondé sous le règne de saint Étienne (XIe s.). L'intérieur, en tout cas, a gardé l'empreinte de son histoire mouvementée : ici, un joli fragment de fresque médiévale et une nef baroque, là une chaire de style Empire et un *mihrab* (« niche à prières ») datant de l'occupation turque…

> COORDONNÉES

Voir p. 25

• Promenade du Danube

De Széchenyi István tér à Március 15. tér (H8/I8)
Tram 2, arrêt Vigadó tér ou Március 15. tér.

Országház

Mille ouvriers ont travaillé dix-sept ans durant à la construction de ce parlement hors du commun, « croisement de bain turc et de chapelle gothique » au dire des méchantes langues, où siègent le Parlement hongrois, la présidence de la République et certains services du Premier ministre. Seuls 12 % de la superficie totale sont utilisés…

La façade

Deux cent soixante-huit mètres : c'est la longueur de la façade ! Elle est ornée de 88 statues représentant (côté place) les princes de Transylvanie, entre autres figures héroïques, et (côté Danube) les souverains hongrois, depuis les premiers chefs de tribus magyares jusqu'en l'an 1848.

Salle de la Coupole

On retrouve les effigies des rois les plus illustres sur les piliers de l'imposante salle de réception où sont exposés depuis 2000 les joyaux de la Couronne : le sceptre, le globe en bronze doré frappé du blason des Anjou, le manteau brodé et, bien sûr, la fameuse couronne de saint Étienne, reconnaissable à sa petite croix penchée et à ses deux « diadèmes » latin et byzantin (1074).

Le décor intérieur

Réalisé par les meilleurs artistes de la fin du XIXe s., comme Károly Lotz qui conçut les fresques de l'escalier d'honneur, ou Miksa Róth dont les vitraux donnent aux corridors un petit air de Renaissance florentine, le décor peut paraître chargé mais il est ingénieux : ainsi, dans le foyer qui jouxte la salle de l'Assemblée, les députés disposent d'un cendrier sur lequel ils peuvent abandonner leur cigare, le temps d'aller écouter un parlementaire dans l'hémicycle. Moralité : un bon orateur se mesure au havane qu'on lui sacrifie !

> COORDONNÉES

Voir p. 27

• Parlement
Kossuth Lajos tér 1-3 (H6-7)
M° Kossuth tér
☎ 06 1 441 4415 / 4904
www.parlament.hu
Lun.-ven. 8h-18h, sam.-dim. 8h-16h (hors séances parlementaires)
Tarif pour les ressortissants de l'UE sur présentation d'une pièce d'identité : 1 750 Ft
Achat des billets en ligne (www.jegymester.hu/parlament) ou le jour même au Néprajzi Múzeum
Visites guidées en français à 11h et 13h30 (durée : 45 min).

Néprajzi Múzeum

Œuvre majeure d'un architecte qui a fait ses études à Berlin au moment où l'on construisait le Reichstag, ce monumental palais, couronné d'un attelage à trois chevaux, abrite aujourd'hui, avec ses 190 000 objets d'art populaire et ses 300 000 clichés, l'une des plus riches collections ethnographiques d'Europe.

Le grand hall

Il resplendit par ses placages en onyx, ses statues en marbre de Carrare, ses chapiteaux dorés et sa voûte : à 24 m de hauteur, le peintre Károly Lotz y a exécuté en moins de dix mois une composition de 140 m², inspirée du plafond d'une église baroque de Rome, représentant le triomphe de la Justice.

La culture hongroise

Les collections permanentes, réparties de façon thématique, donnent un excellent aperçu de la culture traditionnelle des différents peuples du bassin des Carpates, à travers des meubles, des outils, des textiles, mais aussi des dessins et des photos qui en disent long sur les conditions de vie des paysans hongrois au XIXe s. (l'une d'entre elles, particulièrement édifiante, nous montre une jeune « voleuse » condamnée au pilori, dans la région de Liptau).

Les Finno-Ougriens

Mais les ethnologues hongrois, soucieux de retrouver la trace de leurs aïeux, se sont aussi intéressés à la civilisation, très originale, de leurs lointains cousins, les Finno-Ougriens. Le musée conserve ainsi de précieux témoignages sur les cultures des peuples nomades d'Asie centrale, sur les chamans mongols ainsi que sur les us et coutumes des Finnois et des Estoniens.

> COORDONNÉES

Voir p. 27

• Musée ethnographique
Kossuth Lajos tér 12 (I6)
M° Kossuth tér
☎ 06 1 473 2400
www.neprajz.hu
Mar.-dim. 10h-18h
Entrée plein tarif : 1 400 Ft.

Szent István bazilika

Érigée à la gloire de la Vierge, protectrice de la Hongrie, et surtout de son roi fondateur, saint Étienne (István), cette colossale église néo-Renaissance fut inaugurée en 1906 en présence de l'empereur François-Joseph au terme d'un chantier passablement mouvementé (l'architecte dut reconstruire la coupole qui s'était effondrée en 1868). Aujourd'hui restaurée, elle peut accueillir jusqu'à 8 500 fidèles.

La sainte dextre

Au XIe s., László Ier fit ouvrir le cercueil d'Étienne qui était mort cinquante ans plus tôt et découvrit avec stupeur que son avant-bras droit était parfaitement conservé. Aussitôt vénérée comme une sainte relique, la dextre d'István connut quelques tribulations : bringuebalée de Transylvanie à Vienne via Dubrovnik, elle n'arriva à Buda qu'en 1771.

Les mosaïques

La coupole centrale, qui domine la nef de ses 96 m de hauteur, est tapissée de mosaïques représentant, aux côtés des anges et du Père éternel, le Christ, Jean-Baptiste, les prophètes et les évangélistes. Ces mosaïques ont été réalisées par les ateliers vénitiens Salviati et Jesurum d'après les dessins du peintre Károly Lotz (1833-1904) à qui l'on doit, entre autres, le plafond de l'Opéra et et le décor du Bookcafé (p. 78).

Bon pied, bon œil

La terrasse aménagée autour du tambour de la coupole offre une vue imprenable et on ne peut plus panoramique sur les toits de Pest. Plus besoin pour cela de grimper les 302 marches d'un escalier à couper le souffle : il suffit désormais de prendre l'ascenseur qui s'arrête... presque au sommet !

> COORDONNÉES

Voir p. 28

- **Basilique Saint-Étienne**

Szent István tér (I7)
M° Bajcsy-Zsilinszky út
☎ 06 1 338 2151
www.bazilika.biz
Lun.-ven. 9h-17h, sam. 9h-13h, dim. 13h-17h ; terrasse (accès : 500 Ft) : avr.-oct. t. l. j. 10h-16h30
Concerts d'orgue : lun. 17h (www.organconcert.hu) et jeu. 20h (www.ticket.info.hu).

Operaház

De tous les monuments qui ont été édifiés pour célébrer, en 1896, le millénaire de la Hongrie, l'Opéra est sans doute le plus réussi. Son architecte rêvait de rivaliser avec l'opéra parisien de Charles Garnier. Résultat : neuf ans de travaux, une ardoise de quatre millions de forints et un vertigineux tourbillon de marbres et d'ors.

La façade

Elle est ornée, comme il se doit, de statues de compositeurs célèbres : Mozart, Beethoven, Verdi… trônent sur la balustrade supérieure, tandis que les Hongrois Liszt et Erkel occupent les deux niches de la loggia. Mais l'architecte a glissé dans ce tableau musical quelques discrètes allusions franc-maçonniques : les sphinx et les réverbères.

L'escalier d'honneur

Avec sa double volée de marches en marbre et son plafond à caissons décorés par Mór Than de peintures mythologiques, cette cage d'escalier est l'une des plus somptueuses de Budapest. À voir aussi, sur le côté ouest, un autre escalier d'apparat, plus petit mais presque aussi fastueux : l'escalier royal.

La grande salle

Près de 1 300 spectateurs peuvent prendre place sous le lustre en bronze, qui pèse 3 tonnes, et sous le regard d'Apollon qui batifole au plafond, aux côtés des Muses, des Grâces et des dieux de l'Olympe, dans une ronde orchestrée par le peintre Károly Lotz.

Le foyer

Le foyer séduit par ses dimensions – il est aussi opulent qu'une salle de bal de la Renaissance italienne –, ses boiseries, son fumoir et son plafond doré sur lequel règne en maître Bacchus, le dieu du vin.

> COORDONNÉES

Voir p. 29

• Opéra
Andrássy út 22 (I7)
M° Opera
☎ 06 1 332 8197
www.operavisit.hu
Visites guidées à 15h et 16h (durée : 45 min)
Entrée plein tarif : 2 900 Ft.

Szépművészeti Múzeum

Édifié dans le cadre des fêtes du millénaire, le musée des Beaux-Arts n'est qu'une longue suite de salles, d'escaliers et de vastes atriums où sont exposés quelques-uns des fleurons de l'art européen, depuis les vestiges des grandes civilisations antiques de la Méditerranée jusqu'à la peinture des modernes.

Les maîtres italiens

Acquis au XIXe s. par le prince Eszterházy et l'archevêque hongrois Pyrker, qui fut patriarche de Venise, les tableaux italiens constituent l'un des noyaux les plus riches du musée : il y a des portraits par Bellini, une madone de Raphaël, des vues de Guardi et Bellotto… Le plus imposant est un retable de Tiepolo représentant saint Jacques triomphant des Maures à la bataille de Clavijo en 844 (les Espagnols, sur le point d'être vaincus, avaient invoqué le saint qui, dit-on, était sorti de sa tombe pour se porter à leur secours).

> COORDONNÉES

Voir p. 33

• Musée des Beaux-Arts
Hősök tere (D2)
M° Hősök tere
☎ 06 1 469 7100
ou ☎ 06 1 469 7211
www.szepmuveszeti.hu
Mar.-dim. 10h-18h
Visite guidée gratuite (en anglais) des collections permanentes mar.-ven. 11h et 14h, sam. 11h
Entrée plein tarif : 1 800 Ft ; audioguide en anglais : 500 Ft ; permis photo : 300 Ft.

L'école espagnole

C'est un peu la surprise du chef ! Grâce à deux connaisseurs passionnés, le prince Eszterházy – encore lui – et Marcell Nemes, qui les ont achetés à une époque où le marché de l'art les boudait, on peut admirer, en plein cœur de l'Europe centrale, l'une des plus précieuses collections qui soient de tableaux espagnols : retables catalans, scènes de genre sévillanes (*bodegones*), et une poignée de chefs-d'œuvre du Greco dont la *Marie-Madeleine repentante*.

Les natures mortes

Le musée comprend aussi un choix exquis de ces petits formats hollandais qui étaient si populaires au XVIIe s. : les natures mortes. Les plus séduisantes sont celles de Jan Davidsz de Heem – avec huîtres, raisins et citrons – et d'Abraham Van Beyeren dont les framboises sont littéralement irrésistibles.

Dohány utcai Zsinagóga

Aucune synagogue, en Europe, n'est aussi resplendissante, depuis sa restauration, que la Nagy Zsinagóga de Pest édifiée entre 1854 et 1859 d'après les plans de Ludwig Förster. Cet architecte autrichien l'a dotée de deux tours très séduisantes, mi-clochers mi-minarets, et d'une salle de 920 m² qui peut accueillir jusqu'à 3 400 fidèles.

La façade

Elle est habillée de briques et d'ornements en majolique dont les teintes – jaune, rouge et bleu – témoignent de l'attachement de la communauté juive à Budapest (ce sont les couleurs du blason de la ville). L'inscription en hébreu, sous la rosace, est tirée du IIe Livre de Moïse : « Fais-moi un sanctuaire, que je puisse résider parmi vous. »

L'intérieur

Du sol au plafond en passant par les grilles de l'estrade, le décor tout entier n'est qu'une fantastique symphonie d'ors, d'étoiles et d'arabesques. L'aménagement, lui, est un peu particulier : l'orgue – sur lequel ont joué Franz Liszt et Camille Saint-Saëns – est un emprunt assez audacieux à la tradition chrétienne, tandis que le principe des galeries réservées aux femmes s'inscrit dans une ligne plus... orthodoxe. L'ensemble reflète les positions des rabbins de cette synagogue, partisans d'un judaïsme réformé (néologie).

Le Musée juif

Installé dans la maison natale de Theodor Herzl (1860-1904), ce musée vous en dira un peu plus sur les orthodoxes et les néologues, sur les différentes fêtes religieuses, la Shoah et l'importante contribution de la communauté juive hongroise à l'histoire de la médecine, des mathématiques ou du cinéma.

> COORDONNÉES

Voir p. 36

• **Synagogue de la Dohány utca**
Dohány utca 2 (C4)
M° Astoria
☎ 06 1 343 0420
www.dohanyutcai zsinagoga.hu
• Mars-oct. : dim.-jeu. 10h-17h30, ven. 10h-15h30
• Nov.-fév. : dim.-jeu. 10h-15h30, ven. 10h-13h30
Visites guidées à 10h30, 11h30, 12h30 et 13h30
Entrée plein tarif : 2 500 Ft (musée inclus).

Magyar Nemzeti Múzeum

Avec son portique néoclassique et son escalier d'honneur, le Musée national hongrois, bâti par Mihály Pollack entre 1837 et 1847, incarne à merveille l'esprit des élites de l'époque qui aspiraient à un « réveil de la conscience nationale ». Au programme de cet ambitieux édifice : toute l'histoire de la Hongrie de la préhistoire à nos jours.

Préhistoire

Les objets réunis au rez-de-chaussée droit (accès par la porte vitrée) racontent le mode de vie des habitants de la Grande Plaine qui avaient l'habitude de bâtir leurs logis sur les ruines de maisons plus anciennes. Cette superposition finit par former au fil des siècles de véritables collines (*tells*) que les archéologues ont soigneusement fouillées.

De l'an mille à 1700

Les salles 1 à 8 sont dédiées à tous les souverains qui ont régné sur le pays jusqu'à l'expulsion des Turcs de Buda, et à la principauté de Transylvanie qui connut au XVIIe s. un bel âge d'or, à en juger par la tunique de Gábor Bethlen (salle 7) et sa délicate ceinture en émail…

De 1700 à 1900

Les salles 9 à 15 vous diront tout sur les insurrections qui furent menées contre le régime des Habsbourg : à commencer par celle du prince Rákóczi II (1676-1735). Le musée conserve un fier portrait de cet homme, par Mányoki, ainsi qu'un charmant fauteuil orné de motifs floraux : le prince avait appris la menuiserie en exil (salle 9).

Le XXe siècle

De la Première Guerre mondiale au démantèlement du rideau de fer en passant par le régime Horthy et la répression stalinienne, la dernière section retrace (salles 16 à 20) un siècle de combats, de terreur, de propagande et de rares parenthèses démocratiques.

> COORDONNÉES

Voir p. 38

• Musée national hongrois
Múzeum körút 14-16 (C4)
M° Kálvin tér
☎ 06 1 338 2122
www.mnm.hu
Mar.-dim. 10h-18h
Audioguide en français
Entrée plein tarif : 1 600 Ft.

Skanzen

Églises, beffrois, maisons, étables en torchis, granges en roseau, pressoirs, moulins à chevaux, etc. : démontés pièce par pièce de leur région d'origine pour être reconstruits ici à l'identique, les 300 édifices qui composent depuis 1967 ce formidable musée en plein air offrent un excellent aperçu de la diversité architecturale et de la richesse ethnographique de la Hongrie.

L'église de Mándok

C'est l'une des plus vieilles églises en bois du pays. Bâtie en 1580 par la petite communauté protestante de Mándok (Haute-Tisza), elle cache, derrière son badigeon de chaux blanche, 12 panneaux ornés de fleurs dans le style Renaissance, un plafond à caissons, des bancs peints – les femmes s'asseyaient côté ouest – et une adorable chaire du XVIIIe s.

Maison de Baglad

Cette maisonnette, qui provient d'un village perdu au fin fond de la Transdanubie occidentale, était habitée vers 1930 par un couple de paysans, relativement aisés, et leurs 6 enfants. Chaque pièce a été reconstituée dans ses moindres détails, avec ses *tulipántos láda* (« coffres à tulipes »), ses jarres en terre cuite, son mortier à poivre...

Le cimetière protestant

Séparé du monde des vivants par un ruisseau, comme le veut une vieille tradition magyare, il réunit 40 de ces étranges stèles en bois (*fejfa*) que l'on voit encore dans certains hameaux à la frontière ukrainienne. Leur forme – on pense à une pirogue, un totem ou une statue de l'île de Pâques – obéissait à un code précis qui permettait d'identifier l'âge et le sexe du défunt.

> COORDONNÉES

Voir p. 45

• Écomusée de Szentendre

Au départ de Batthyány tér, train HÉV jusqu'à Szentendre, puis bus n° 7 depuis la gare

☎ 06 26 502 500

www.skanzen.hu

• Avr.-oct. : mar.-dim. 9h-17h

• Mars : sam.-dim. 10h-16h

Entrée plein tarif : 1 800 Ft.

Le printemps baroque

En 1699, les armées impériales réussirent à bouter hors de Hongrie les derniers Turcs qui occupaient depuis un siècle et demi un bon tiers de leur territoire. Cette victoire amorça un tournant décisif dans l'histoire du pays : la ville de Buda qui, sous la domination des Ottomans, fumait la pipe, buvait du café, se prélassait au hammam et importait d'Iznik de la faïence pour ses bazars, se mit à vivre à l'heure, un peu moins orientale, des Habsbourg et du baroque.

Reconstruire…

Comme le cruel siège que Buda venait de subir (1686) avait été presque aussi dévastateur que les 150 années d'occupation turque, il fallut d'abord la relever de ses ruines, redessiner ses rues, restaurer les églises qui avaient été converties en mosquées et y édifier, ainsi qu'en province, un bataillon de monuments nouveaux. Des tailleurs de pierre, maçons et stucateurs arrivèrent alors par centaines d'Italie – des lacs de Côme et de Lugano principalement – pour participer à ce vaste chantier, aux côtés d'architectes italiens, qui avaient déjà fait leurs preuves à Vienne, et de maîtres autrichiens comme Andreas Mayerhoffer (1690-1771), qui dut plancher,

Blagovestenszka, détail iconostase

à peine débarqué de Salzbourg, sur les plans de l'église de l'Université (**Egyetemi templom,** voir p. 24), de l'église serbe (**Szerb templom,** voir p. 24) et de l'église Notre-Dame-de-l'Annonciation (**Blagovesztenszka,** voir p. 44).

… pour convertir

Le nouveau paysage urbain qui se profile à l'époque doit beaucoup à ces artistes étrangers, mais aussi aux jésuites, zélés supporters de la monarchie habsbourgeoise, qui surent très vite essaimer à travers le pays un séduisant modèle dérivé du Gesù (l'église mère de l'ordre à Rome) dans le dessein avoué de ramener au bercail les brebis égarées – et elles étaient fort nombreuses – qui avaient embrassé, entre 1520 et 1570, le protestantisme. Pendant que Vienne encourageait l'installation à Buda et à Pest d'Allemands catholiques, les jésuites, artisans de la Contre-Réforme, se lançaient dans une habile campagne de recatholicisation, en favorisant un art héroïque et spectaculaire, aux antipodes de l'austérité protestante, un art qui exaltait

Budai ferences templom

la victoire de la civilisation chrétienne et le « triomphe de la vraie foi sur le musulman infidèle » !

Les églises

Des églises et des cathédrales surgirent par dizaines, d'un baroque certes plus modeste qu'à Prague ou à Vienne, mais d'un faste tout de même inouï pour un pays aussi dévasté qui comptait huit millions de serfs et de paysans nécessiteux. Vers 1740, cette fièvre culmina avec des dispositifs de plus en plus sophistiqués – plan en violon ou en lyre, coupoles ovales, etc. – et des décors éblouissants (chaires et autels

Belvárosi plébánia templom, chœur gothique, nef baroque

parés d'anges et d'or...). C'est le cas de la délicieuse église Sainte-Anne, à Víziváros (voir Batthyány tér, p. 19), conçue par **Máté Nepauer** à qui l'on doit aussi le palais des Erdődy (voir Táncsics Mihály utca, p. 14). En 1771, Vienne mit un frein à ces coûteuses exubérances : le baroque finissant se fit classique.

Les châteaux

Les châteaux n'échappèrent pas à la mode : sitôt dissipée la menace turque, les magnats hongrois s'employèrent à métamorphoser leurs vieilles demeures fortifiées dans le goût italien (beaucoup d'entre eux connaissaient l'Italie pour l'avoir visitée avec leur précepteur) ou à bâtir des châteaux flambant neufs en adoptant la version de l'art baroque promue par la Cour de Vienne. C'est ainsi que l'on vit fleurir dans la Grande Plaine 200 petits palais à loggias et salles de banquet décorés de stucs et de fresques. Les plus riches familles faisaient appel aux ténors du style nouveau, comme Hildebrandt, qui édifia **Ráckeve** sur l'**île de Csepel** dès 1710, ou Martinelli, qui exerça ses talents pour les princes Esterházy avant que ceux-ci ne se tournent vers le rococo français. Tous ces châteaux avaient la même caractéristique : ils étaient peints en jaune – un beau jaune baptisé « Grassalkovich », d'après le nom du fondateur de Gödöllő, qui fut l'une des résidences favorites de l'impératrice Élisabeth, alias Sissi (voir p. 46).

Nagytétény

Si le mot *barokk* vous donne des fourmis dans les gambettes, ça vaut peut-être la peine de courir jusqu'à la lisière de Budapest pour visiter l'attendrissant château jaune à volets verts bâti en 1743-1766 par Julianna Száraz et son mari József Rudnyánszky : il conserve une superbe collection de meubles du XVIIIe s. hongrois (salles 12 à 16) dont certains proviennent du réfectoire d'un monastère jésuite datant de 1738.

XXII, Kastélypark utca 9-11 (HP par D5)
Bus 33 (depuis Móricz Zs. körtér, arrêt Petőfi Sándor utca)
☎ 06 1 207 0005 – www.nagytetenyi.hu
Avr.-déc. : mar.-dim. 10h-18h – Janv.-mars : ven.-dim. 10h-16h
Entrée plein tarif : 1 000 Ft.

L'art des bains

Le bain est à Budapest ce que le café est à Vienne : une philosophie du bien-être. Dans cet univers magique, tiède et tout embué, les uns somnolent, les autres lisent le journal, jouent aux échecs ou parlent affaires. Même si vous n'avez aucun rhumatisme, profitez de votre séjour dans la capitale et du pouvoir tonifiant de ses cent vingt-trois sources pour refaire le plein d'énergie : les Hongrois, qui y vont souvent, en sortent chaque fois rajeunis de dix ans. Au moins !

Moiteurs turques

Découvertes par les Celtes, exploitées par les Romains, les sources chaudes de Buda connurent leur premier âge d'or sous le règne des Ottomans. La colonie turque, en effet, y avait construit deux types de bains : l'*ilidja* (bain thermal) occupé au centre par un bassin octogonal coiffé d'une coupole, et le *hammam* (bain de vapeur), doté d'une estrade en marbre. Tous deux étaient chauffés

grâce à un réseau de tuyaux en argile ménagés dans les murs. Si beaucoup de ces bains ont disparu (tel le « bain de la Poudrerie » où il convenait de se laver quarante fois de suite si l'on voulait que tout s'arrange), quatre bains du XVIe s. fonctionnent encore de nos jours : le Király (voir p. 19), le Veli Bej (p. 20), le Rudas (Döbrentei tér 9 – C4, ☎ 06 1 356 1010 ; piscine : t. l. j. 6h-20h, ouv. aussi ven.-sam. 22h-4h ; thermes : lun., mer.-ven. 6h-20h réservés aux hommes, mar. 6h-20h réservés aux femmes, ven.-sam. 22h-4h et sam.-dim. 6h-20h thermes mixtes) et le Rác (Hadnagy utca 8-10 – B4, ☎ 06 1 266 0606). Ce dernier, classé monument historique, a retrouvé son lustre en 2010 (la ville ayant réussi à réunir les fonds nécessaires à sa restauration), mais n'a pas encore ouvert ses portes.

Belle Époque

C'est surtout au tournant du XXe s. que le thermalisme prit tout son essor. La municipalité s'employa alors à restaurer les bains turcs, à édifier le **Széchenyi** (voir p. 33) puis le **Gellért** (1912, voir p. 17) et à fonder, en 1922, la Société des bains de Budapest. En 1937, elle accueillit le premier congrès international de balnéothérapie. Des photos très instructives, conservées au **musée de l'Hôtellerie** (voir p. 84), rappellent cette époque fébrile, soucieuse d'hygiène corporelle – le secteur des savons, shampoings et eaux de toilette était lui aussi en pleine expansion ! – qui multiplia les plages (*strand*), les piscines de natation (*uszoda*) et les complexes à vocation thérapeutique. Forte de ses cent vingt-trois sources qui déversaient soixante-dix millions de litres d'eau par jour (dont 40 millions de litres à 40-76 °C), la capitale attirait déjà des légions de curistes européens.

Les quinze mots clés du bain

- *fok :* degré
- *fürdő :* bain
- *gőz :* vapeur
- *gőzfürdő :* bain de vapeur
- *gyógy :* thermal
- *hideg :* froid
- *iszap :* boue
- *ívovíz :* eau potable
- *masszírozás :* massage
- *meleg :* chaud
- *öltöző :* vestiaire
- *orvosi :* médical
- *perc :* minute
- *pihenő :* salle de repos
- *szekrény :* casier

Mode d'emploi

Aujourd'hui, malades et bien-portants se pressent avec la même ferveur aux portes des *fürdő* pour barboter dans une promiscuité parfois aussi… érotique que thérapeutique. Choisissez donc bien votre bain : certains sont mixtes, d'autres adoptent la solution des jours alternés (le lundi pour les femmes, le mardi pour les hommes, etc.). Le **Lukács** (voir p. 20) est intello, le **Széchenyi** (p. 33) familial et très populaire, le **Rudas** (p. 62) austère et sportif, le **Gellért** (p. 17) cher et cosmopolite. Le billet s'achète à la caisse, au plus tard une heure avant la fermeture (entre 2 300 et 5 500 Ft ; les soins particuliers – massages, applications de boue, etc. – sont en sus). Le jeu, moins complexe qu'il n'y paraît, consiste d'abord à suivre les panneaux *gőzfürdő*, puis à repérer une cabine ou un casier libre afin d'y déposer ses vêtements. Le *dress code* est en fonction des bains et des jours : maillot, ou encore petit pagne prêté à l'entrée. Mémorisez le numéro de votre cabine, conservez votre clé : vous voilà prêt(e) pour la grande ablution.

Conseils

Le parcours idéal ? Douche tiède, sauna sec, *medence* (« bassin ») à 28 °C, douche fraîche, étuve à la camomille, plongeon dans l'eau glacée, piscine à température du corps. La suite, à décliner selon l'humeur. Au sortir du bain, l'usage veut que l'on s'enveloppe dans un drap blanc et que l'on s'accorde un peu de repos au *pihenő* avant de regagner le vestiaire. Pensez à donner un pourboire (200 Ft) à la personne chargée d'ouvrir les cabines, et à bien rincer votre maillot : l'eau a parfois des relents aigrelets d'œuf pourri.

Budapest 1900, entre nostalgie et modernité

Après la signature du fameux « compromis » de 1867 qui devait lui permettre de s'émanciper de la tutelle autrichienne, la Hongrie se dote, en 1873, d'une véritable capitale – Budapest – née de la fusion administrative de trois villes jusqu'alors autonomes : Buda, Óbuda et Pest. Tout, dans la jeune métropole, est alors à faire : réguler le Danube, paver les rues, percer de grands boulevards, construire des ponts, des gares, un opéra, des musées… Mais dans quel style ?

L'historicisme ?

Profitant de la conjoncture relativement florissante, la bourgeoisie libérale se lance dans une course effrénée pour bâtir des édifices souvent grandioses, parfois démesurés, qui ont tous un point commun : le goût pour les styles anciens. Soucieuse de hisser la ville au niveau des autres capitales, elle fait appel à des architectes déjà confirmés comme le prolifique **Miklós Ybl,** qui s'inspire, depuis les années 1840, de modèles européens. Si la plupart des églises sont conçues en néogothique, les autres édifices empruntent surtout à la Renaissance : la Vigadó se prend pour un palais italien (voir p. 126), la cour de la Douane de Pest pastiche la bibliothèque Sansovino de Venise. Sur les grands boulevards, les

Pesti Vigadó

immeubles de rapport se couvrent d'atlantes et de cariatides. Même la campagne donne dans le « néo » : épris de l'art de la Renaissance, le riche baron Schlossberger envoie son architecte préféré… Ybl (encore lui !) en France pour qu'il lui construise, à son retour, une copie d'un château de la Loire.

L'éclectisme ?

À la fin du XIXe s., la tendance vire au mélange hétéroclite : à Szent István (voir p. 28), le portique s'inspire d'une église de Mantoue, la coupole ressemble au dôme des Invalides et les tours rappellent celles de

Château de Vajdahunyad

St Paul de Londres ! Le **château de Vajdahunyad** (voir p. 35) est sans doute l'exemple le plus invraisemblable de cette architecture éclectique. On comprend qu'à la longue, devant une telle avalanche d'emprunts et de citations, certains s'interrogent : les Budapestois ne peuvent-ils vivre que dans le plagiat ? Une nouvelle génération, en quête d'une esthétique plus... hongroise, se met à contester le conservatisme ambiant : les sécessionnistes.

Párizsi udvar

La Sécession ?

La figure de proue de la *szecesszió* a pour nom **Ödön Lechner** (1845-1914). En trois ans, cet architecte de génie signe trois chefs-d'œuvre qui inaugurent un nouveau chapitre de l'histoire de l'art hongrois : l'**Iparművészeti Múzeum** (musée des Arts décoratifs, p. 39), la **Posta-takarékpénztár** (Caisse d'épargne de la Poste, p. 27) et l'**institut de Géologie** (XIV, Stefánia út 14 – E3). Convaincu qu'il fallait se tourner vers l'Est pour trouver les racines de la culture hongroise, Lechner commence par vagabonder du côté de l'Inde et de la Perse avant d'élaborer un langage décoratif magyar fondé sur des motifs de broderies et de vêtements traditionnels. Il combine brique crue et carreaux de majolique, égaye les toits de tuiles vernissées, de gargouilles ondoyantes et de corniches tarabiscotées. Tout cela déplaît fort à l'empereur François-Joseph et au ministre de la Culture, qui y voient un outrage

Le musée des Arts décoratifs

à Vienne et au « bon goût » officiel. L'indésirable Ödön ne reçoit donc plus de commandes de l'État, mais fait des émules, tel **Ármin Hegedűs**, à qui l'on doit l'**hôtel Gellért** (voir p. 138), la **Török Bankház** (voir p. 23) et l'école au n° 85 de la Dob utca.

Les *fiatalok* ?

Tandis que la Sécession fait tache d'huile en province grâce aux « disciples » de Lechner, de jeunes architectes, plus sensibles aux structures qu'au décor, se tournent vers l'art populaire hongrois – notamment les constructions de Transylvanie – pour y puiser des idées de formes « autochtones », sobres et fonctionnelles. Ce groupe dit des *fiatalok* (« jeunes ») conçoit à partir de 1909 des édifices très originaux, dont on peut admirer quelques échantillons à **Wekerle** (voir encadré ci-contre).

La colonie de Wekerle (*Wekerletelep*)

Plusieurs *fiatalok* ont pris part, entre 1909 et 1926, à la construction d'une cité-jardin destinée à loger 20 000 ouvriers de la capitale. Près de 1 000 bâtiments ont ainsi été réalisés, dont les formes très variées s'inspirent des maisons de Transylvanie. Même si elle est excentrée (métro Határ út, bus 199), beaucoup de citadins rêveraient d'habiter aujourd'hui dans cette « colonie » rustique, tant elle est charmante ; mais les loyers, modérés à l'origine, ont littéralement explosé !

Bye-bye Lénine

Depuis 1989, la Hongrie fait table rase de ces tragiques années où elle a dû apprendre à (sur)vivre sous la férule de Moscou. Il lui reste encore, malgré tout, quelques souvenirs de la dictature passée – hôtels au look ingrat, architectures totalitaires… – dont certains ont été relégués, non sans une pointe d'ironie, au rang de gadgets. Zoom sur une parenthèse communiste qui a duré un « bon » demi-siècle.

Janvier 1945

Sitôt le pays libéré du nazisme, les communistes se lancent dans la conquête du pouvoir. Aux Hongrois que la guerre a saignés à blanc, ils promettent « terre, pain et liberté ». Déjà, ils bénéficient de l'appui de l'Armée rouge, contrôlent les services de renseignements et la police secrète (l'abjecte ÁVÓ, voir Terror Háza p. 30), occupent des postes clés dans le gouvernement de coalition. Trois ans plus tard, à force d'appliquer la tactique dite du « salami », qui consiste à débiter en tranches – pour mieux les dévorer – tous leurs adversaires, les cadres s'emparent du pouvoir et imposent une nouvelle constitution calquée sur le modèle soviétique : le système du parti unique. Ce qui donne toute latitude audit parti pour exproprier l'aristocratie et l'Église, nationaliser les mines et les banques, rééduquer le peuple ou l'assigner à résidence.

Automne 1956

Certes, le parti (*a Párt*) parvient à réduire les inégalités sociales, si criantes du temps des Habsbourg, mais la collectivisation forcée de l'agriculture n'a pas les effets escomptés : Budapest a faim. Après la mort de Staline (1953), les apparatchiks amorcent un dégel en nommant Imre Nagy au poste de Premier ministre. Partisan d'un communisme à visage humain, Nagy fait libérer les prisonniers politiques et fermer les camps d'internement. Ce qui n'est pas du goût du Kremlin, qui le destitue dès 1955. En ville, la contestation gronde. Le 23 octobre 1956,

300 000 manifestants réclament le retrait des troupes soviétiques et la liberté de la presse. Le 28, Nagy fait son retour, annonce la suppression de l'ÁVÓ et proclame la neutralité de la Hongrie. Mais Moscou veille au grain : l'Armée rouge déferle sur Pest dans la nuit du 4 novembre, réprime le soulèvement populaire, arrête Nagy et installe à sa place János Kádár. Bilan : 3 000 morts, une nouvelle vague d'émigration et une impitoyable répression qui ne prendra fin qu'en 1963.

János Kádár

Tout en gardant les leviers du pouvoir, le nouvel homme fort du parti rebaptisé « Parti socialiste ouvrier hongrois » accorde quelques concessions, aux paysans notamment, qui ont le droit désormais de posséder leur propre lopin de terre pour vendre leurs produits au marché. Bien sûr, la censure reste pointilleuse et le cadre de vie des plus rigide, comme en témoignent les barres de HLM préfabriquées (*panel*) d'Óbuda ou de l'Üllői út. Mais cette politique économique différente fait de la Hongrie, à la fin des années 1970, le pays le plus « prospère » du bloc communiste : les salaires triplent par rapport à l'avant-guerre, de nombreux travailleurs peuvent s'acheter une Trabant bleu pâle ou jaune foin, les magasins vendent des articles introuvables en URSS, le niveau de l'instruction s'améliore, ainsi que le réseau des transports. En 1989, le système s'écroule et le pays, surendetté, tourne la page : le rideau de fer est démantelé, la Cour suprême réhabilite Imre Nagy, Kádár meurt, la constitution communiste est abolie et les élections – les premières élections libres depuis 1949 – mettent fin à 45 ans de domination soviétique.

Szoborpark (Memento Park)

Ce musée en plein air, unique en son genre, regroupe depuis 1993 les statues monumentales que l'appareil d'État avait placées aux points névralgiques de la capitale et qui ont été déboulonnées après la chute du régime communiste : rudes soldats, austères martyrs, glorieux ouvriers incarnant l'homme nouveau ont échoué dans ce « cimetière » aux côtés des pères fondateurs de l'idéologie marxiste, sculptés, eux aussi, dans un style terrifiant. Il y a un kiosque où les nostalgiques pourront faire provision de bustes de Lénine et de Trabant miniatures avant de se rafraîchir d'un cocktail... Molotov.

XI, Balatoni út/Szabadkai utca (HP par B5)
M° Újbuda-központ (M4), puis bus 150, arrêt Memento Park ou (plus cher) bus direct t. l. j. à 11h, départ Deák Ferenc tér (4 900 Ft, billet d'entrée inclus)
☎ 06 1 424 7500 – www.mementopark.hu
T. l. j. de 10h à la tombée de la nuit
Entrée plein tarif : 1 500 Ft.

Budapest au naturel

Si beaucoup de parcs ont disparu au XXe s., victimes d'une urbanisation effrénée, il reste encore, en plein cœur de Pest, trois grandes enclaves verdoyantes : le charmant Bois-de-ville, avec son zoo et sa patinoire (voir p. 32), l'île Marguerite, propice au footing ainsi qu'à la baignade (voir p. 42), et le moins recommandable parc du Peuple (Népliget) aujourd'hui cerné par les cités ouvrières. Pour échapper au stress urbain et trouver un généreux concentré de nature à inhaler sans modération, visez plutôt du côté des collines de Buda...

Budai-hegység

Ce sont les véritables poumons de la capitale : densément boisées de chênes, les **collines de Buda** (*budai-hegység*) forment comme une ceinture de chlorophylle, à la lisière

des IIe et XIIe arrondissements de Budapest, qui se prête à merveille à la pratique de la luge, du ski et de la promenade : les chemins sont balisés, la durée des parcours est indiquée (*ó* signifie « heure », *p* « minute »), il y a des aires de pique-nique et il est permis de marcher à travers les quelque 10 500 ha classés « espaces naturels protégés ». Si vous aimez les animaux et les sous-bois, essayez le **Budakeszi park** (bus 22 au départ de Széll Kálmán tér, arrêt Korányi Kórház) : vous aurez toutes les chances d'y croiser un daim.

Sas-hegy

Si vous préférez la compagnie des fleurs, optez pour le Sas-hegy, « **mont de l'Aigle** » (XI, Tájék utca 26 – A5, www.sas-hegy.hu, ouv. mars-oct. sam.-dim. et mar. 10h-18h ; entrée plein tarif : 500 Ft) : ce gros rocher qui culmine à 266 m d'altitude a conservé de rares spécimens de la flore danubienne. Mais toutes ces douces collines de calcaire et de dolomite, qui offrent de superbes points de vue sur le Danube et la capitale, ne réservent pas que des plaisirs de surface : on peut aussi explorer leurs entrailles. Nombre d'entre elles, en effet, dissimulent des **grottes** qui sont autant d'oasis de fraîcheur durant les chauds après-midi d'été.

Pál-völgyi-cseppkőbarlang

La Pál-völgyi-cseppkőbarlang (Szépvölgyi út 162 – B1, bus 65 au départ de Kolosy tér, près de la station de HÉV Szépvölgyi út, ☎ 06 1 325 9505, ouv. mar.-dim. 10h-16h15, jusqu'à 17h les w.-e. d'été ; entrée plein tarif : 1 300 Ft) est la plus impressionnante de toutes les **grottes** ouvertes au public depuis les années 1980. Ici, les eaux thermales ont creusé, au bout de deux millions d'années, plus de 7 km de galeries hantées de stalactites et de formations

féeriques que les spéléologues ont baptisées « Blanche-Neige et les sept nains », « Épée de Damoclès », etc. La visite, obligatoirement guidée, est courte – 1 km en 50 min top chrono – mais très tonique. D'autant plus que le thermomètre ne dépasse pas les 10 °C. Prévoyez des chaussures tout-terrain (le sol est glissant et l'échelle plutôt raide) et un imperméable : ça suinte de tous les côtés !

Szemlőhegyi barlang

Un autre **réseau de grottes,** moins oppressant et moins étendu (2 km), vous attend à 10 min de là. Il s'agit du Szemlőhegyi barlang (Pusztaszeri út 35 – B1,

bus 29 au départ de Kolosy tér, ☎ 06 1 325 6001, visite guidée toute l'année mer.-lun. chaque heure de 10h à 15h, 1 150 Ft). Tapissé de cristaux et de concrétions magiques aux allures de petits pois, de champignons ou de fleurs, cet ensemble géologique se distingue aussi par la pureté de son air. Des médecins y reçoivent d'ailleurs, en dehors des heures de visite touristique, des bronchiteux chroniques, mais aussi des divas enrouées qui tentent de retrouver leur voix. Même si vous ne souffrez d'aucune gêne respiratoire, jouez 40 min au spéléo pour faire provision d'oxygène !

Balade panoramique

À Széll Kálmán tér (B3), prenez le tram 59 ou 61 jusqu'à l'arrêt Városmajor puis empruntez, en face, le chemin de fer à crémaillère (Fogaskerekű vasút) qui gravit en 19 min (de 5h à 23h) le quartier résidentiel du Svábhegy (« mont des Souabes »). Arrivé au terminus, gagnez à pied la minigare du ***gyermekvasút,*** le « train des enfants » (départ toutes les 45 min, mar.-dim. 9h-17h), dont les wagons rouges serpentent à travers bois et collines pendant 50 min. Arrêtez-vous en chemin à **János-hegy** et marchez (15 min) jusqu'au point culminant de Budapest qui offre, depuis le **belvédère Erzsébet,** une vue imprenable sur la ville. Pour rallier Széll Kálmán tér (B3) : remontez dans le « train des enfants » jusqu'à Hűvösvölgy (bus 29 ou tram 61), ou profitez du télésiège (*libegő*, mar.-dim. 10h-15h30 ou 19h selon la saison, 900 Ft) qui vous dépose à proximité du bus 291.

Restaurants mode d'emploi

Où manger ?

Évitez les attrape-touristes avec orchestre tzigane (du type Mátyás Pince, V, Március 15. tér 7 – C4), chers et peu exaltants. Tâchez plutôt de décrocher une table dans un **restaurant de quartier,** comme Két Szerecsen (p. 77) ou Café Kör (p. 77). Dans un registre plus populaire, il y a les *étkezde,* **petites cantines familiales** (façon Kádár, VII, Klauzál tér 9 – C4, mar.-sam. 11h30-15h30), où l'on déjeune d'un plat simple mais roboratif et très peu cher.

Combien ça coûte ?

Déjeuner sur le pouce dans un **self** (type Várbistro ou Vapiano) revient à 2 000 Ft (6,50 €). Comptez 3 500 Ft (11,50 €) pour un **petit restau de quartier** comme Első Pesti rétesház (p. 27) ou Véndiák (p. 76). Les **établissements les plus élégants,** inabordables pour la plupart des Hongrois, restent envisageables pour les gourmets occidentaux (à partir de 8 000 Ft – 26 € – boissons comprises). Notez que le **service** *(díj)* n'est pas toujours inclus : dans ce cas, il faut laisser au serveur 10 % de la note (voir p. 137).

Particularités locales

Comme les Hongrois boivent surtout de l'**eau gazeuse** (bouchons bleus), précisez *szénsavmentes ásványviz* si vous désirez une bouteille d'**eau minérale** plate (bouchons roses). Il arrive, en été surtout, que le **vin** soit **allongé d'eau gazeuse** *(szóda)*. Selon la proportion de vin et de *szóda,* cela s'appelle *kisfröccs* (10 cl de vin + 10 cl d'eau gazeuse), *nagyfröccs* (20 cl de vin + 10 cl d'eau gazeuse), *hosszúlépés* (10 cl de vin + 20 cl d'eau gazeuse) ou *házmester* (30 cl de vin + 20 cl d'eau gazeuse). Les **jus de fruits, sodas et milk-shakes** sont servis – et facturés – au décilitre : 20 cl se dit *két deci,* 30 cl *három deci.*

SE REPÉRER

Nous avons indiqué pour chaque adresse de restaurant sa localisation sur le plan général (B2, G8…). Pour un repérage plus facile, nous avons signalé sur le plan par un symbole jaune toutes les adresses de ce chapitre. Le numéro en jaune signale la page où elles sont décrites.

Notre Top dans la catégorie « petit restau sympa »

Rassurez-vous : vous ne dînerez pas tous les soirs d'un poulet au paprika ou d'un *gulyásleves* (p. 82). Il y a, à Budapest, un bel éventail de petits restaus sympas à menus variés ! Nos préférés ?

- **Soul Café**
  Kálvin tér – *Voir p. 39.*
- **Ruben**
  Belváros – *Voir p. 75.*
- **Café Kör**
  Du côté du Parlement
  Voir p. 77.
- **Két Szerecsen**
  Opera – *Voir p. 77.*
- **Klassz**
  Opera – *Voir p. 78.*
- **Café Vian Gozsdu-udvar**
  Erzsébetváros
  Voir p. 80.

Notre Top des très bonnes tables

Si le menu du Costes (IX, Ráday utca 4, www.costes.hu) vous semble prohibitif, voici six restaurants un peu moins chers qui devraient tenir leurs promesses.

- **Onyx**
  Belváros – *Voir p. 23.*
- **Zóna**
  Au pied du Palais royal
  Voir p. 72.
- **Alabárdos**
  Várnegyed – *Voir p. 73.*
- **Arany kaviár**
  Várnegyed – *Voir p. 73.*
- **Gresham kávéház**
  Du côté du Parlement
  Voir p. 76.
- **Araz**
  Erzsébetváros – *Voir p. 80.*

Notre Top des cafés-pâtisseries

Difficile de résister au décor ! Cosy ou grandioses, leurs boiseries et leurs grands miroirs dorés fleurent bon la Mitteleuropa.

- **Ruszwurm Cukrászda**
  Várnegyed – *Voir p. 15.*
- **Angelika**
  Víziváros – *Voir p. 19.*
- **Gerbeaud**
  Belváros – *Voir p. 23.*
- **Gresham kávéház**
  Du côté du Parlement – *Voir p. 76.*
- **Bookcafé**
  Opera – *Voir p. 78.*
- **New York**
  Erzsébetváros – *Voir p. 87.*

Le paprika dans tous ses états

Pour désigner les nuances de cet ingrédient qui fait parfois monter les larmes aux yeux mais sait si bien parfumer la cuisine, un peu de hongrois !

- *különleges* : peu fort
- *édesnemes* : légèrement fort
- *félédes* : délicatement relevé
- *édes* : plus fort que le précédent
- *rózsa* : fort et très parfumé
- *erős* : extra-fort
- *csípmentes* : pas piquant
- *csípős* : très piquant

Nos restaurants par quartiers

1 - Café Pierrot
2 - Vàr Bistro
3 - Vár : A Speiz
4 - Vár : A Speiz

Voir aussi ***Rivalda*** *(p. 11).*

Palais royal
Visite 1 – p. 10

Zóna

I, Lánchíd utca 7-9 (H8)
Tram 19 ou 41, arrêt Clark Adám tér
Mobile ☎ 06 30 422 5981
www.zonabudapest.com
Mar.-sam. 12h-15h et 18h30-22h30, f. en août
Plat autour de 5 000 Ft.

Zóna, parce qu'il y a deux « zones » à l'intérieur : un côté bar à vins et un côté restaurant qui est devenu en quelques mois LE temple des gourmets à Budapest. Son chef, Krisztián Huszár, ne se contente pas de battre la campagne pour y dénicher les meilleurs ingrédients : il assemble les saveurs comme les pièces d'un puzzle. On n'a pas testé son *lecsó* aux œufs de caille (il paraît qu'il est renversant), mais le saumon fumé mangue avait le don de stimuler les papilles. Dîner 5 plats : 14 900 Ft.

Várnegyed
Visite 2 – p. 12

Vár Bistro

I, Dísz tér 8 (G7)
Bus n° 16, arrêt Dísz tér
Mobile ☎ 06 30 237 0039
T. l. j. 8h-20h
Menu : 1 250 Ft.

Bonne nouvelle dans le quartier du Château : il y a désormais un vrai self-service avec spécialités hongroises et tables en terrasse sur la « place d'Armes » (Dísz tér) ! Bon, ce n'est pas toujours convaincant côté gastronomie, mais l'adresse est pratique et bon marché.

Miró

I, Úri utca 30 (G7)
Bus n° 16, arrêt Szentháromság tér
☎ 06 1 201 2375
www.cafemiro.hu
T. l. j. 9h-minuit
Cafés : de 590 à 750 Ft.

Avec son plafond bleu nuit et ses sofas onduleux, Miró joue dans un tout autre registre que le vénérable Ruszwurm (p. 15). Nettement inspiré de l'univers du peintre catalan, le décor est ici si enjoué qu'on en oublierait presque les prix élevés. Cafés, cocktails de jus de fruits et cappuccinos à 990 Ft.

Vár : A Speiz

I, Hess András tér 6 (G7)
Bus n° 16, arrêt Szentháromság tér
☎ 06 1 488 7416
www.speiz.hu
T. l. j. 12h-23h ; en hiver : mar.-sam. 12h-23h, dim. 12h-16h
Plats : de 3 900 à 5 800 Ft.

A Speiz – mot à mot « le garde-manger » – est une enseigne située juste en face du Hilton (p. 14), qui soigne sa carte des vins et sa déco, tendance « rustique chic » : de grandes tablées, des meubles paysans peints, une machine à découper le jambon... Attention : les prix sont un chouïa élevés pour des portions assez peu généreuses. Prenez donc le temps de savourer votre saumon aux carottes et billes d'aubergine vapeur (3 800 Ft) !

Alabárdos

I, Országház utca 2 (G7)
Bus n° 16, arrêt Országház utca ou Tárnok utca
☎ 06 1 356 0851
www.alabardos.hu
Lun.-ven. 19h-23h, sam. 12h-15h et 19h-23h
Dîner : env. 11 300 Ft, vin non compris.

La carte de cet établissement, l'un des musts de la gastronomie traditionnelle hongroise, est une longue suite de fricassées à l'ancienne et de venaisons royales – cerf braisé, cochon de lait sur un lit de céleri en purée et marjolaine... – servies avec application dans un décor gothique pour une clientèle d'Américains aisés. Le grand jeu !

Litea

I, Hess András tér 4 (G7)
Bus n° 16, arrêt Szentháromság tér
☎ 06 1 375 6987
www.litea.hu
T. l. j. 10h-18h.

Voici, caché au fond d'une cour du vieux Buda, le fruit de l'heureux mariage du thé (750 Ft) et de la littérature, de l'Earl Grey et de l'encre noire – une telle combinaison ne saurait être foncièrement mauvaise : de fait, Litea est le lieu idéal pour la lecture, les conversations feutrées et l'exercice délicat de la rédaction des cartes postales. Six tables et, en rayons, de beaux albums qui ont le pouvoir de scotcher sur place.

Baltazár

I, Országház utca 31 (G7)
Bus n° 16, arrêt Bécsi kapu tér
☎ 06 1 300 7050
www.baltazarbudapest.com
T. l. j. 8h-23h
Classiques hongrois : autour de 2 860 Ft.

Entre le musée d'Histoire militaire et les Archives nationales, ce nouveau restaurant propose des bières artisanales, des grillades et des classiques hongrois préparés *szívvel és lélekkel* (« avec amour et soin »). Et c'est vrai que le chef, Zsolt Litauszki, s'en sort bien : son velouté d'asperges et son *pörkölt* (p. 82) sont très convaincants. Service attentionné.

Arany kaviár

I, Ostrom utca 19 (G6)
M° Széll Kálmán tér
☎ 06 1 201 6737
www.aranykaviar.hu
T. l. j. 12h-15h et 18h-minuit
Résa. recommandée
Le midi, menus à 3 900 et 12 000 Ft, vin non compris.

Le chef y régale le Tout-Buda d'une cuisine rodée avec succès à Moscou (il y a fait ses classes). Au menu : des bortschs légèrement épicés, de vieilles recettes du temps des tsars et de délicieux assortiments de saumon fumé, hareng, caviar rouge et béluga. À essayer aussi : l'esturgeon de la Volga fumé sur bois de bouleau et les *pelmenyi* de Sibérie.

Voir aussi ***Café Pierrot*** *(p. 13) et* ***Ruszwurm Cukrászda*** *(p. 15).*

Gellérthegy
Visite 3 – p. 16

Voir ***Citadella Lounge*** *(p. 17).*

Víziváros
Visite 4 – p. 18

Café Dumas

I, Fő utca 17 (H7)
Tram 19 ou 41, arrêt Halász utca
☎ 06 1 489 4276
Lun.-ven. 8h-22h, sam. 9h-22h
Quiche lorraine et salade : 1 150 Ft.

De la quiche au menu ? Des affiches du festival de Cannes sur les murs ? Pas de doute : le Dumas joue la carte du bistrot parisien ! Mais les prix, eux, restent hongrois : le sandwich baguette au curry ne coûte que 650 Ft et le blanc de volaille au basilic 2 250 Ft. À grignoter près du piano ou en terrasse : la vue sur le pont aux Chaînes (*Széchenyi Lánchíd*) a du charme. Profitez-en pour feuilleter le programme de l'Institut français (voir p. 18) !

Le Pavillon de Paris

I, Fő utca 20 (H7)
Tram 19 ou 41, arrêt Halász utca
☎ 06 1 225 0174 ou mobile ☎ 06 20 509 3430
www.pavillondeparis.hu
Mar.-sam. 12h-16h et 19h-22h
Plats : de 2 500 à 3 980 Ft.

Au Pavillon de Paris, le frottement des cultures passe surtout par les papilles : la jolie maison crème à tourelle, décorée en 1811 dans le style Joseph II pour un marchand grec dénommé Kapisztory, abrite aujourd'hui un restaurant français servant des plats tout à fait honnêtes à des prix *ad hoc* : magret de canette au miel, suprême de poularde, daurade à la plancha, tarte Tatin… Ambiance décontractée, service agréable. Clientèle d'hommes d'affaires (menu 12 € le midi).

Voir aussi ***Angelika*** *(p. 19).*

Rózsadomb
Visite 5 – p. 20

Marxim

II, Kis Rókus utca 23 (B3)
Tram 4 ou 6, arrêt Mechwart liget
☎ 06 1 316 0231
www.marximpub.hu
Lun.-jeu. 12h-1h, ven.-sam. 12h-2h, dim. 18h-1h
Pizzas : de 1 100 à 1 500 Ft.

On ne va pas chez Marxim par souci gastronomique mais pour le fun, le kitsch et le second degré : une clientèle de bourgeois décalés et d'étudiants pince-sans-rire mastique ici, sous l'œil vigilant de Marx et d'un mannequin en uniforme de la police secrète, des pizzas Goulag (1 390 Ft), à des tables qui sont séparées par des fils barbelés. Unique en son genre…

Margitkert

II, Margit utca 15 (B2)
Tram 4 ou 6, arrêt Margit híd
☎ 06 1 326 0860
www.margitkert.hu
T. l. j. 12h-minuit
Plats : de 1 260 à 4 790 Ft.

L'une des plus anciennes auberges de Buda. On y sert des spécialités de la Grande Plaine (la poitrine de dindon farcie aux prunes tourne autour de 2 460 Ft) et des vins maison. Le service est un peu lent, la qualité des sauces inégale mais, si la cuisinière est dans ses bons jours, les strudels et *palacsinta* sont délicieux. Agréable jardin en été et musique tzigane t. l. j. à partir de 19h.

Voir aussi ***Földes Józsi konyhája*** *(p. 21).*

Belváros
Visite 6 – p. 22

Vapiano

V, Bécsi utca 5 (I8)
M° Deák F. tér
☎ 06 1 411 0864
www.vapiano.hu
Dim.-jeu. 11h-23h, ven.-sam. 11h-minuit
Plats : de 1 350 à 2 590 Ft.

La chaîne allemande Vapiano, spécialisée dans le *fast good* – la « restauration rapide mais bonne » –, trace sa route. Après Vienne, elle a ouvert à Budapest un spot qui fait fureur auprès des jeunes urbains : un pasta-pizza-bar bien dans l'esprit du temps, avec une déco sympa, de bons raviolis ricotta et du vrai basilic pour la touche *healthy*… Bref, tout est tendance et *al dente*. Pensez à prendre une carte magnétique à l'entrée !

Fruccola

V, Kristof tér 3 (I8)
M° Vörösmarty tér
☎ 06 1 430 6125
www.fruccola.hu
Lun.-ven. 7h-20h, sam. 8h-20h
Menus : de 990 à 1 560 Ft.

1 - Kárpátia
2 - Marxim
3 - Margitkert

Notre chouchou dans la catégorie « central, sain, léger, convivial et pas cher » ? Fruccola, à deux pas de la Váci utca ! Tout y est *friss* (prononcez « friche »), autrement dit « frais ». Les légumes ont bonne mine, les sandwichs aussi et on peut composer sa salade selon son goût. Il suffit de montrer du doigt les ingrédients : olives, roquette, pépins de courge... ! Wifi gratuit, sièges pour bébé. Annexe au n° 35 de l'Arany János utca (I7), ouv. 8h-22h.

Cyrano

V, Kristóf tér 7-8 (I8)
M° Vörösmarty tér
☎ 06 1 266 4747
http://cyrano.hu
T. l. j. 8h-minuit
Le midi, formule 3 plats à 4 430 Ft.

Saison après saison, Cyrano n'en finit pas de séduire touristes et nouveaux riches avec ses saveurs inédites et son décor noir mi-high-tech, mi-baroque. Les yuppies, VIP et autres fashion victims préfèrent l'étage encore plus zen, même si, là aussi, le portable est toujours à droite de l'assiette, à côté du couteau. Plus branché, tu meurs !

Kárpátia

V, Ferenciek tere 7-8 (C4)
M° Ferenciek tere
☎ 06 1 317 3596
www.karpatia.hu
T. l. j. 11h-15h et 17h-23h
Plats : de 3 900 à 6 900 Ft.

Un restaurant-brasserie réputé pour son décor aussi pseudo-médiéval que celui du Mátyás-templom et pour son chef, Gábor Székelyi, qui accommode avec un certain talent les grands classiques de la gastronomie transylvaine, tel le filet mignon de sanglier à la compote de coings. Un seul reproche : les serveurs manquent un peu d'entrain. Orchestre tzigane le soir.

Ruben

V, Magyar utca 12-14 (C4)
M° Astoria
☎ 06 1 266 3649
www.rubenrestaurant.hu
Lun.-sam. 12h-minuit
Menu du jour : 890 Ft.

Deux conseils : 1) venez tôt ou réservez ! Ce sympathique restaurant de quartier, où les sets de table ont des arabesques dorées, est lilliputien et vite bondé, surtout la mezzanine ornée d'une jolie frise de rinceaux bistre sur fond jaune. 2) si vous êtes pressé, optez pour le plat du jour ! Le service est bien plus lent pour les classiques de la carte : le chou farci de tata Bözsi, le filet de sandre du Balaton ou le lapin à l'estragon et fromage de brebis...

Gerlóczy

V, Gerlóczy utca 1 (I8)
M° Ferenciek tere
☎ 06 1 501 4000
www.gerloczy.hu
T. l. j. 7h-23h
Plats : de 1 500 à 4 500 Ft.

À quoi tient le succès de ce néo-bistrot logé au rez-de-chaussée d'un immeuble de 1892 ? À sa terrasse : expatriés et Pestois s'y bousculent à toute heure pour grignoter sous les frondaisons quelques classiques

1 - Gerlóczy (p. 75)
2 - Gresham kávéház
3 - Café Kör

de la gastronomie nationale – *lecsó*, goulache… – ou tester la dernière trouvaille du chef à des prix plus que raisonnables (2 650 Ft la pintade fermière au crottin de chèvre et gnocchi) sur fond de musique : guitare live les dimanches et lundis, harpe du mardi au samedi. Seul point très noir : le service, passablement… décousu.

Véndiák

V, Egyetem tér 13 (C4)
M° Kálvin tér
☎ 06 1 267 0226
www.vendiaketterem.hu
Lun.-jeu. 9h-minuit,
ven.-dim. 9h-4h
Plats : de 2 790 à 4 490 Ft.

Un petit creux ? Il y a bien sûr le Vapiano de la Bécsi utca (voir p. 74), mais si vous n'avez ni le temps ni l'envie de rebrousser chemin, visez le Véndiák qui dresse ses tables juste en face du bâtiment historique de l'Université (l'ELTE), laquelle vient de fêter ses 380 ans. À l'affiche : salades, lasagnes et spécialités hongroises. La daube de Transylvanie y est servie avec de moelleuses *galuska* (voir p. 83) pour 2 990 Ft. Ambiance jeune et estudiantine, cela va sans dire.

Aqva

V, Apáczai Csere János utca 4 (I8)
Tram 2, arrêt Vigadó tér
☎ 06 1 737 7377
www.aqvalounge.hu
T. l. j. 8h-2h
Sandwichs et salades :
de 1 900 à 3 800 Ft.

Pour picorer face au Danube une salade de roquette, gorgonzola, poires et noix (3 300 Ft) ou siroter un thé glacé maison aux fruits de la passion, il y a l'Aqva, le lounge bar en « estrade » de l'hôtel Marriott : une halte assez chic qui s'offre une vue imprenable sur le château de Buda et une musique *chill out* (plutôt brésilienne les vendredis et samedis soir). Happy hour : t. l. j. 17h-19h.

Voir aussi ***Gerbeaud*** *et* ***Onyx*** *(p. 23),* ***Centrál kávéház*** *et* ***1 000 tea*** *(p. 25).*

Du côté du Parlement
Visite 7 – p. 26

Gresham kávéház

V, Széchenyi István tér 5-6 (H7/I7)
Tram 2, arrêt Széchenyi István tér
☎ 06 1 268 6000
www.fourseasons.com/budapest
Lun.-sam. 6h30-22h30,
dim. 7h-22h30
« Afternoon tea » (15h-18h) :
6 500 Ft.

Difficile de ne pas succomber au charme feutré du Gresham. Ce café, l'un des plus populaires de Pest pendant l'entre-deux-guerres, a été redécoré de main de maître par Miklós Szentkirályi. Certes, vous y croiserez moins d'artistes qu'en 1920 mais vous aurez l'assurance d'y déguster des gâteaux renversants

– cheese-cake (800 Ft), *apfel strudel*, framboisier... – et le meilleur de la Jamaïque : le café Blue Mountain.

Intermezzo

V, Hold utca 3-5 (I7)
M° Arany János utca
☎ 06 1 373 8200
www.hotelpresident.hu
T. l. j. 10h-23h
Plats : autour de 3 200 Ft.

Le Président est un nouvel hôtel... présidentiel, doté d'un héliport et d'une suite à l'épreuve des balles (on n'arrête pas le progrès !) mais surtout d'un bon restaurant qui, les soirs d'été, par beau temps, sert sur la *kilátóterasz* (la terrasse panoramique) du dindonneau pommes au four (3 190 Ft) et du sandre à l'aneth (3 500 Ft).

Európa

V, Szent István körút 7-9 (I6)
Tram 4 ou 6,
arrêt Jászai Mari tér
☎ 06 1 312 2362
www.europakavehaz.hu
T. l. j. 8h30-20h.

Ses vitrines sont presque aussi néobaroques que la façade du théâtre voisin : il y a, dans ce café, des tartes au citron d'une virtuosité vertigineuse, d'alléchants cœurs de châtaigne (*gesztenyeszív*) à 350 Ft et des *borhabrolád* bien crémeux, couronnés d'une cerise verte... À consommer avec modération, en mezzanine.

Roosevelt

V, Széchenyi István tér 7-8 (H7)
Tram 2, arrêt Széchenyi István tér
Mobile ☎ 06 30 460 6476
Lun.-ven. 8h-17h.

Enfin un vrai *önkiszolgáló* (self-service) au cœur de Pest ! Désormais, entre le très chic Gresham Palace et la sérieuse Académie des sciences de Hongrie, il y a en effet une cantine souriante, ultra-propre et dynamique : le Roosevelt, qui « assure » dans le registre des salades à composer soi-même. C'est facturé au poids (249 Ft les 100 g), ça peut se payer en euros – ils vous rendent la monnaie en forints – et si ça marche, ils envisagent même d'ouvrir le samedi !

Hütte Café

V, Szabadság tér (I7)
M° Kossuth L. tér
☎ 06 1 374 0522
www.huttecafe.hu
Lun.-ven. 9h-20h, sam. 10h-20h
Plats : de 1 890 à 2 990 Ft.

Vous voyez la « hutte » qui campe au beau milieu de la pelouse, entre l'ambassade des États-Unis et l'ancien siège de la télévision hongroise ? Eh bien, ce n'est pas un café comme les autres : à la fraîche ou sous la pluie, il se transforme en... igloo gonflable avec plaids vert anis pour s'emmitoufler ! L'ambiance est rigolote, tout comme la carte : tapas hongrois, sandwichs mozza, salade César au poulet ou au saumon (1 990 Ft)...

Voir aussi ***Első Pesti rétesház*** *(p. 27).*

Opera
Visite 8 – p. 28

Tom George Italiano

V, Október 6 utca 8 (I7)
M° Arany János utca
Mobile ☎ 06 30 223 3520
T. l. j. 11h-minuit
Plats : de 1 900 à 5 500 Ft.

Si vous êtes las(se) des décors désuets et compassés, essayez le Tom George ! C'est l'un de ces multiples cafés qui ont éclos aux abords de la basilique Saint-Étienne et son cadre est plutôt high-tech. En plus, il s'est nettement amélioré ces derniers mois (même si le service reste assez lent). Comptez 2 250 Ft pour un risotto aux champignons, à picorer en terrasse ou à l'intérieur, sur une bande-son presque jazzy. DJ le samedi soir.

Café Kör

V, Sas utca 17 (I7)
M° Bajcsy-Zs. út
☎ 06 1 311 0053
www.cafekor.com
Lun.-sam. 10h-22h
Plats : de 2 380 à 4 690 Ft.

À deux pas de l'université d'Europe centrale, un bistro informel devenu, grâce à Ádám, Éva et Gábor, une cantine très en vogue depuis le milieu des années 1990. Les intellos, les employés du quartier et les étudiants de la fac, qui la squattent midi et soir, apprécient sa déco savamment négligée et son très bon rapport qualité-prix. Au tableau noir : crottin de *gomolya* chaud sur lit de salade (1 980 Ft), crêpe à la confiture de prunes et pavot (850 Ft)...

Két Szerecsen

VI, Nagymező utca 4 (C3)
M° Opera

☎ 06 1 343 1984
www.ketszerecsen.hu
Lun.-ven. 8h-minuit,
sam.-dim. 9h-minuit
Plats : de 2 190 à 4 890 Ft.

Rien à voir avec les ternes cantines qui se suivent et se ressemblent le long de l'avenue Andrássy : le Két Szerecsen – en v. f., « les Deux Sarrasins » – est **un havre sympathique** où l'on sert de délicieuses salades de tomates séchées sur un lit de roquette à l'huile d'olive et une cuisse de poulet au romarin (1 990 Ft) dans un décor attrayant signé Bori Végvári et Bence Vadász, que le *Budapest Sun* compare à l'intérieur d'une figue fraîche… Que demander de plus ?

Bookcafé

VI, Andrássy út 39 (C3)
M° Oktogon
☎ 06 1 461 5835
T. l. j. 10h-22h.

À découvrir : il existe, depuis 2010, bien caché au 2ᵉ étage du « Grand magasin de Paris » (Párizsi nagy áruház, voir p. 29), un **café au décor renversant,** le Bookcafé. Sous deux lustres grandioses et un plafond décoré par Károly Lotz, vous pourrez y siroter un verre de *kéknyelű* (550 Ft, voir p. 113) ou grignoter un *rétes* aux griottes (520 Ft). Irrésistible !

Klassz

VI, Andrássy út 41 (C3)
M° Opera
www.klasszetterem.hu
T. l. j. 11h30-23h
Plats : de 2 690 à 4 390 Ft.

Une première salle tapissée de ramages fleuris, une seconde en estrade, ponctuée de fèves de cacao et encombrée de cartons de bouteilles ? Pas de doute, c'est le Klassz, **le restau le plus hype de la saison** et ça se sait, surtout le samedi soir ! Sur la carte : une belle sélection de vins, des plats convaincants et du *mangalica*, le porc de la Grande Plaine qui fait ces temps-ci un come-back remarqué sur les tables hongroises. Précisions importantes : ils n'ont pas le téléphone (c'est bien trop ringard) et ne prennent aucune réservation. Moralité, soyez les premiers ou… armez-vous de patience !

Memories Bar

V, Hercegprímás utca 8 (I7)
M° Deák F. tér
☎ 06 1 780 5844
T. l. j. 9h-22h.

Pour snacker intelligent, rien de tel que ce « bar à tapas hongrois » qui vous ouvre grand ses portes près de la basilique Saint-Étienne ! Il propose **tout plein d'échantillons de la gastronomie locale,** de la crème d'aubergine de Transylvanie (*erdélyi padlizsankrém*) à la mousse de fromage blanc au paprika (*körözött*) en passant par le jus de cerise gazéifié (*Márka meggy*), le tout servi pour 4 290 Ft sur fond de musique… hongroise, cela va de soi.

Marquis de Salade

VI, Hajós utca 43 (I7)
M° Arany János utca
☎ 06 1 302 4086
www.marquisdesalade.hu
T. l. j. 12h-1h
Plats : de 2 800 à 4 800 Ft.

Pour les végétariens amateurs de combinaisons exotiques, Seva et Dima ont concocté une carte alléchante à prix très doux : **spécialités russes, petits plats de l'Azerbaïdjan,** préparés avec soin et servis en sous-sol sur fond de musique orientale, et dans un décor de kilims et de bougies bleues, pour que les yeux pétillent autant que les papilles.

Podma Café

VI, Podmaniczky utca 14 (I6)
M° Nyugati pu.
☎ 06 1 302 2696
www.podmacafe.hu
Lun.-sam. 8h-23h.

Demmers, l'estimable maison de thé viennoise qui avait su renouer avec les bonnes vieilles traditions de l'Europe centrale, en ouvrant, dès les années 1990, quelques salons à Cracovie et à Budapest, a quitté le quartier, mais Podma Café a repris le flambeau. Les accros du *five o'clock* ont donc toujours le loisir d'hésiter entre **une cinquantaine de thés différents** (env. 640 Ft). Alors, *barackos zöld* (vert à la pêche) ou *áfonyás* (noir aux airelles) ?

1 - Memories Bar
2 - Bookcafé
3 - Macesz Huszár

Sir Lancelot

VI, Podmaniczky utca 14 (I6)
M° Nyugati pu.
☎ 06 1 302 4456
www.sirlancelot.hu
T. l. j. 12h-1h.
Menu : de 5 290 à 6 290 Ft.

Imaginez un caveau moyenâgeux où 160 personnes dévoreraient au coude à coude, sans couteau ni fourchette, des doubles steaks, des poulets entiers et des pièces de veau aux dimensions colossales. Eh bien non, vous ne rêvez pas : le concept existe bel et bien, et les touristes ne sont pas les derniers à vouloir festoyer au pays d'Excalibur et du Saint-Graal. Appétits d'oiseau s'abstenir.

Voir aussi ***Callas*** *(p. 29).*

Sur les « Champs-Élysées » de Pest
Visite 9 – p. 30

Voir ***Sövény Aladár teaház*** *(p. 31).*

Városliget
Visite 10 – p. 32

Gundel

XIV, Gundel Károly út 4 (D2)
M° Széchenyi fürdő
ou Hősök tere
☎ 06 1 889 8100
www.gundel.hu
T. l. j. 9h-minuit
Brunch (dim. 11h30-15h) :
6 400 Ft.

On ne présente plus ce restaurant fondé par Károly Gundel en 1910 : ce fut longtemps le meilleur de toute la Hongrie et l'un des plus réputés d'Europe centrale. Du béluga de la Caspienne au chèvre de la *puszta* (« steppe ») en passant par la selle de daim grillée aux marrons sautés et au cabernet sauvignon, on pouvait lire et relire la carte dans tous les sens : il n'y avait aucune faute de goût. Aujourd'hui, c'est surtout son brunch qui retient l'attention. Réservez !

Voir aussi ***Robinson*** *(p. 33).*

Erzsébetváros
Visite 11 – p. 36

Macesz Huszár

VII, Dob utca 26 (C4)
M° Astoria
☎ 06 1 787 6164
www.maceszhuszar.hu
T. l. j. 11h30-16h et 18h-22h30
(jusqu'à 23h30 jeu.-sam.)
Plats : de 2 090 à 4 690 Ft.

C'est le meilleur restaurant juif du quartier. Ákos Tasnádi y revisite (et allège) les classiques de la cuisine ashkénaze : oie, perche, *cholent* de bœuf aux pommes de terre et à l'orge perlé... En dessert ? Le traditionnel *flódni* au pavot (1 190 Ft). La carte, limitée, varie au fil des saisons et des fêtes. Le tout est servi avec le sourire dans une charmante salle au décor très rétro.

1 - *Művész étterem*
2 - *Araz*
3 - *Spinoza*
4 - *Dunapark*

Araz

VII, Dohány utca 42-44 (D4)
M° Blaha L. tér
☎ 06 1 815 1100
www.araz.hu
T. l. j. 7h-23h
Plats : de 2 850 à 5 550 Ft.

Au rez-de-chaussée de l'hôtel Zara (Araz est l'anagramme de… Zara !) se cache un superbe restaurant Art déco où officie un chef talentueux : Áron Barka. Derrière ses fourneaux, il jongle avec les textures et revisite les classiques hongrois sans forcer sur la note : son « menu du midi » (velouté à la coriandre, poulet moutarde et citron vert, crêpe Gundel) ne coûte que 1 590 Ft (3 plats). Le dimanche, brunch de 12h à 15h, pour l'honnête somme de 5 990 Ft, avec buffet à volonté et accès gratuit au spa.

Café Vian Gozsdu-udvar

VII, Király utca 13 (C4)
M° Deák F. tér
☎ 06 1 878 1350
www.cafevian.com
Lun.-ven. 8h30-minuit, sam.-dim. 9h-minuit
Salades : autour de 2 000 Ft.

Bien caché dans la cour III du passage Gozsdu (voir p. 37), le Vian est un café jeune et décontracté où l'on peut snacker d'un sandwich ou d'une salade – grecque, norvégienne, niçoise… – sur une bande-son assez tonique. Ils ont aussi des plats plus élaborés genre « darne de thon au miel et gingembre » à 3 790 Ft. Et toutes sortes de petits déjeuners, de 990 à 1 950 Ft.

Voir aussi ***New York*** *(p. 87),* ***Spinoza*** *et* ***Fröhlich*** *(p. 37).*

Au-delà de la place Kálvin
Visite 12 – p. 38

Jedermann

IX, Ráday utca 58 (D5)
Tram 4 ou 6, arrêt Boráros tér
☎ 06 1 786 0795
Lun.-ven. 8h-23h, sam. 10h-23h, dim. 10h-22h.

Annexe de l'institut Goethe, le Jedermann a quitté la prestigieuse avenue Andrássy pour s'installer tout au bout de la rue Ráday, à deux pas de Boráros tér. La clientèle, du coup, est moins show-biz et plus bobo mais le café est toujours aussi décontracté et l'on peut désormais siroter son cappuccino (360 Ft), grignoter un gâteau ou feuilleter la presse allemande dans un jardinet à l'arrière.

Voir aussi ***Soul Café*** *(p. 39).*

Millennium City Center
Visite 13 – p. 40

Bohém

IX, Komor Marcell utca 1 (visite 13)
Tram 2, arrêt Millenniumi Kulturális Központ
☎ 06 1 555 3372
www.bohemrestaurant.hu
T. l. j. 12h-22h
Plats : de 3 450 à 4 450 Ft.

Vous pourrez vous y sustenter à toute heure d'une salade ou d'un plat assez élaboré. Les médaillons de dinde, incrustés de saumon fumé, sont rehaussés d'une mousse citron au vin blanc et le cadre, tout violet, est élégant.

Voir aussi ***P'Art Café*** *(p. 41).*

Margitsziget
Visite 14 – p. 42

Voir ***Széchenyi étterem*** *(p. 43).*

Szentendre
Visite 15 – p. 44

Kedves kávézó

Fő tér 13, Szentendre (visite 15)
Mobile ☎ 06 20 494 0491
Dim.-jeu. 12h-1h, ven.-sam. 12h-2h.

Pour prendre des forces avant d'arpenter la rue Bogdányi, voici un aimable café, moins touristique que ses confrères, qui sert du bon rosé de Villány, des cocktails à base de thé et une limonade maison (490 Ft) faite de menthe, lime et glace pilée. Le tout se sirote dans une maison baroque du XVIIIe s. à la façade jaune poussin, classée monument historique. Encore un point positif : *kedves,* cela signifie… « cordial » !

Voir aussi ***Művész étterem*** *(p. 45).*

Gödöllő
Visite 16 – p. 46

Voir ***Kastély Kávézó*** *(p. 47).*

Hors visite

Auguszt

II, Fény utca 8 (B3)
M° Széll Kálmán tér
☎ 06 1 316 3817
www.auguszteukraszda.hu
Mar.-ven. 10h-18h, sam. 9h-18h.

Vous pourriez presque entrer les yeux fermés dans ce temple de la gourmandise : les Auguszt sont pâtissiers depuis le XIXe s. et leurs gâteaux comptent parmi les plus succulents de Buda. Les connaisseurs apprécieront tout particulièrement l'E-80 à 440 Ft, une bombe de calories au chocolat, amandes et café, inventée à l'occasion des 80 ans de « papi » Elemér, le fondateur de cet Auguszt.

Dunapark

XIII, Pozsonyi út 38 (C2)
M° Lehel tér
☎ 06 1 786 1009
www.dunaparkkavehaz.com
Lun.-ven. 8h-23h, sam. 10h-23h, dim. 10h-22h.

En 1937, grâce au talent des architectes Béla Hoffstätter et Ferenc Domány, le Dunapark était le plus beau café Art déco de la capitale hongroise : ses grands murs de verre et ses balcons aérodynamiques lui donnaient un petit air de… paquebot. Il a rouvert ses portes en 2006 et fleure toujours autant le chocolat chaud, la *dobostorta* (490 Ft) et les croisières transatlantiques ! Le midi, petite restauration (entre 1 200 et 3 800 Ft) ; le soir, Dunapark se transforme en piano-bar.

Daubner

II, Szépvölgyi út 50 (B1)
HÉV : Szépvölgyi út
☎ 06 1 335 2253
www.daubnercukraszda.hu
T. l. j. 9h-19h.

À deux stations de HÉV de Batthyány tér (H6-7), un pâtissier un peu excentré mais mythique, rivalisant d'ingéniosité pour chatouiller les palais exigeants. À commencer par ceux des promeneurs qui s'arrêtent sur le chemin des grottes de Pál-völgyi (voir p. 69). Le fleuron de la maison : la glace au pavot (200 Ft).

Remíz

II, Budakeszi út 5 (HP par A2)
Bus 22 au départ de Széll Kálmán tér, arrêt Szépilona
☎ 06 1 275 1396
ou ☎ 06 1 394 1896
www.remiz.hu
T. l. j. 12h-23h
Plats : de 1 880 à 4 250 Ft.

S'il fait beau, rendez-vous près de l'ancienne remise de tramways (*remíz*), à quelques minutes du M° Moszkva, où Alice Mezödi propose, dans son charmant jardin, des grillades, des vins frais gouleyants et d'excellents petits déjeuners avec des viennoiseries maison. Service détendu et ambiance *garden party* à des prix raisonnables.

Saveurs hongroises

Des nomades venus des steppes d'Asie, la cuisine hongroise a gardé l'usage du chaudron ; des Ottomans, l'art de pétrir la pâte. Les juifs de Galicie lui ont légué les ragoûts d'oie fumée aux petits haricots blancs, les Serbes, une manière de préparer la carpe. Éloge d'une tradition gastronomique qui ne se résume pas au seul goulache.

Petits conseils

Certes, la cuisine magyare est robuste, mais elle est aussi très savoureuse, à condition toutefois de la pratiquer dans les bons restaurants : là, une poignée de cordons-bleus adapte les recettes d'antan à nos palais modernes, en faisant un usage modéré du paprika, en bannissant la graisse de lard fondu (saindoux) pour la remplacer par de l'huile végétale, nettement plus diététique, et en expérimentant de nouvelles techniques de cuisson. Certains chefs comme **Miklós Várhelyi** redécouvrent les herbes aromatiques que les ménagères utilisaient avant l'introduction du paprika et inventent de délicieuses terrines allégées qui combinent fruits, légumes et noix. Dans

les établissements de 3e et 4e catégories, les estomacs fragiles éviteront les plats panés (*rántott*), la qualité de la friture et de la chapelure étant très inégale, ainsi que les beignets de pommes de terre (*lángos*), les tartines de graisse et autres mets si consistants – type *tarhonya* – qu'une cuillère y tient à la verticale…

Les classiques

Gulyásleves, pörkölt, paprikás csirke, autant vous prévenir tout de suite : vous n'y couperez pas, ils sont au menu de tous les restaurants ! Le premier est une soupe à base de viande de bœuf coupée en dés, d'oignons, d'ail et de paprika, qui a mijoté dans un chaudron avec des tomates, du céleri et des pommes de terre. Plat traditionnel des vachers de la Grande Plaine, il s'est imposé, depuis la fin du XVIIIe s., comme la spécialité hongroise par excellence. Les touristes distraits le confondent souvent avec un autre mets tout aussi campagnard, le *pörkölt*, qui n'a pourtant rien d'une soupe : c'est un ragoût de bœuf, de porc ou de mouton braisé. Le *paprikás csirke*, quant à lui, est un poulet au paprika doux que l'on sert d'ordinaire avec une crème aigre (*tejföl*) et des *galuska* (voir encadré ci-dessous).

Soupes et salades

Les soupes ont la cote, et ce serait mal explorer la cuisine hongroise que de les ignorer. La plus originale – et la plus

exquise à nos yeux – est sans doute la ***meggyleves*** (« soupe aux griottes ») : les fruits, cuits avec une touche de cannelle et de girofle, sont réduits en une onctueuse purée que l'on porte à ébullition avant de la servir glacée. Souvent, le plat de résistance s'accompagne d'une simple **salade** – l'*uborkasaláta*, par exemple, à base de rondelles de concombres affinées avec du poivre, du paprika et du persil haché – ou d'une **assiette de légumes,** que l'on consomme chauds, tels l'oseille (*sóska*) et le chourave tendre (*karalábé*), ou froids, comme la courge (*tök*) relevée d'une pointe de vinaigre et d'aneth. À essayer encore, au rayon légumes : le *töltött paprika* – il s'agit d'un poivron farci de viande hachée et de riz – et le *lecsó*, sorte de ratatouille constituée d'oignons émincés, de tomates et de poivrons coupés en lanières.

Gibier et poisson

À la Renaissance, les cuisiniers de la Cour, qui étaient passés maîtres dans l'art d'accommoder la faune des rivières et des forêts, faisaient grand cas des pattes d'ours brun en gelée. Au tableau de chasse on trouve plutôt, aujourd'hui, des **ragoûts de cerf** et des **rôtis de sanglier,** de la **selle de chevreuil au vin rouge** et de la **soupe de faisan à la crème aigre** (*tejfölös fácánleves*). Il faut goûter aussi au **sandre du lac Balaton** (*fogas*), un poisson à la chair fine et blanche que l'on fait griller à la poêle ou cuire au four, en filets, avec un peu de vin blanc sec et de succulents champignons. Autre classique : la ***halászlé,*** une bouillabaisse de poissons d'eau douce – carpe, perche, gardon, truite de la Szalajka… – parfumée au paprika mi-doux.

Galuska

Prononcer « galouchka » : petites boulettes de pâte à base d'œufs, de sel et de farine obtenues au moyen d'une râpe placée au-dessus d'une casserole d'eau en ébullition contenant une cuillerée d'huile (la pâte, qui tombe sous forme de gouttelettes par les trous de la râpe, remonte à la surface lorsqu'elle est cuite). Synonyme : *nokedli*.

Les charmes de la pâtisserie

Certains esprits chagrins vous diront que la qualité des gâteaux, à Budapest, n'est plus ce qu'elle était et que les nouveaux pâtissiers cèdent de plus en plus à la facilité. Nous vous rassurons tout de suite : la civilisation du *rétes* et du *dobos* ne vit pas ses dernières heures. Il y a même de plus en plus de talentueux professionnels dont les fantaisies crémeuses et chocolatées font le désespoir des régimes. Voici leurs triomphes…

Fabricants de douceurs

Fondant au marasquin de Zara, gâteau d'ananas à la Zichy, crème glacée à la grenade : on a peine à imaginer aujourd'hui le nombre de recettes que les pâtissiers hongrois ont pu élaborer au cours des siècles pour réjouir les papilles de la Cour et celles du bon peuple. Il est vrai que les Ottomans leur avaient légué le goût du sorbet et de l'eau de rose, de la fleur d'oranger et de ces gâteaux au miel qui ont agrémenté l'heure du thé jusqu'au XVIIIe s. Il est vrai aussi que des « fabricants de douceurs » français et suisses leur avaient très tôt révélé les délices de Paris : les vitrines de Buda s'étaient alors remplies de *parfé* (« parfait »), *krokambus* (« croquembouche ») et autres *passziánsz* (« patiences »). Puis, lorsque le renom de

Vienne éclipsa celui de Paris, le Tout-Pest ne jura plus que par les *torten* et s'ingénia à en créer d'onctueuses variantes. Le **musée de l'Hôtellerie** (Magyar Kereskedelmi és Vendéglátóipari Múzeum, III, Korona tér 1– B1, mar.-dim. 10h-18h ; entrée : 800 Ft) garde un souvenir ému de toutes ces pyramides de tentations.

Gourmandises mémorables

Certaines pâtisseries sont passées à la postérité, comme le ***zserbószelet,*** garni de noix râpées, de morceaux de pommes, de confiture d'abricots, et couvert d'un glaçage de chocolat. Il a été inventé par le pâtissier d'origine suisse Émil Gerbeaud, à qui l'on doit aussi l'***esterházy,*** une tarte à la crème et à la vanille nappée d'un biscuit aux amandes (voir p. 23). Autres gourmandises mémorables : la ***dobostorta,*** qui porte le nom de son inventeur, József Dobos (1847-1924), et la ***palacsinta*** mise au point par le restaurateur Károly Gundel (1883-1956, voir p. 79). Il s'agit d'une crêpe fourrée de noix pilées, de raisins et d'orangeat, inondée d'une sauce au chocolat noir, le tout flambé au rhum. Renversant !

Classiques

À côté de ces desserts qui font toujours sensation, les pâtisseries de Budapest proposent d'autres spécialités tout aussi caloriques, tels le ***francia krémes*** (cube de crème à la vanille et de crème fouettée nappé de café), l'***indiáner*** (chou au chocolat et à la crème chantilly), le ***somlói galuska*** (sorte de génoise au rhum badigeonnée de confiture d'abricots et saupoudrée de cacao) ou la ***puncstorta*** reconnaissable à son glaçage de sucre rose qui dissimule une fine couche de confiture de fraises ainsi qu'une pâte à biscuit imbibée de rhum, truffée de morceaux de noix et de fruits.

Rétes

Mais il est un autre gâteau auquel les Hongrois ne renonceraient pour rien au monde : le *rétes*, un petit cousin du strudel viennois, dont le secret tient tout entier dans le pétrissage de la pâte – il faut qu'elle soit aussi fine et transparente qu'une feuille de papier de soie – mais aussi dans la saveur de ses ingrédients. Ménagères et pâtissiers choisissent d'ordinaire entre les pommes râpées, les noix moulues, les raisins secs, les graines de pavot (*mákos*), le fromage blanc (*túrós*), les griottes (*meggyes*) et les guignes de la Grande Plaine, la cannelle, les prunes de la province de Szatmár, les pêches dénoyautées, la pulpe de courge moulinée, sans oublier les abricots – autre legs turc – qui font l'orgueil de la région de Kecskemét, ni l'exquise purée de marrons (*gesztenyepüré*) des collines de Mecsek.

Le b.a-ba du *dobos*

- *Pâte* : battre 6 jaunes d'œufs avec 85 g de sucre, ajouter un demi-sachet de sucre vanillé, du jus de citron et 2 cuil. à soupe d'eau. Incorporer à ce mélange 6 blancs battus en neige, 120 g de farine, 85 g de sucre et un zeste de citron râpé, pour obtenir 6 fonds de tarte. Faire cuire 10 min (200 °C).
- *Crème* : mélanger 150 g de beurre, 40 g de cacao en poudre et 100 g de sirop de sucre. Laisser refroidir. Ajouter 1 cuil. de rhum et un demi-sachet de sucre vanillé, étaler la crème sur 5 fonds de tarte et superposer le tout pour former le gâteau. Décorer le tour d'amandes en poudre ou de noisettes concassées.
- *Glaçage* : faire caraméliser 150 g de sucre avec 1 cuil. à café de jus de citron, étaler le glaçage sur le 6e fond de tarte... Servir froid !

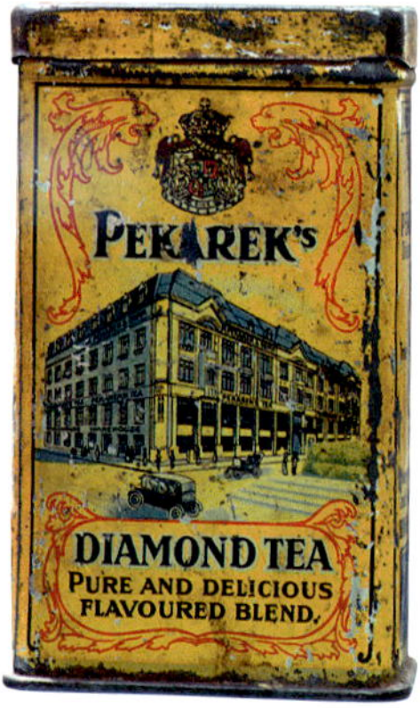

L'âge d'or du *kávéház*

À la fin du XIXe s., Budapest – comme Vienne – était une ville à cafés. Foyers d'intrigues littéraires ou de révolutions nationales, ces salons romantiques et opulents ont été au cœur de la vie sociale, culturelle et politique de la capitale hongroise. Des journalistes aux agents de change en passant par les acrobates du Moulin rouge, plus d'un million de citadins s'y retrouvaient quotidiennement. Flash-back sur l'une des institutions les plus mythiques de l'Europe centrale.

La « soupe noire »

Tout a commencé au XVIe s., à l'époque où Buda était la capitale d'une province de l'Empire ottoman. Les conquérants avaient l'habitude de boire à la fin de leur repas un moka très fort que les Hongrois appelèrent *fekete leves*, la « soupe noire ». Les premiers cafés étaient alors réservés aux seuls Turcs, mais en 1714, vingt ans après leur départ, un brûleur de grains serbe nommé Balázs fonda un comptoir entre l'actuel pont de la Liberté et le pont Élisabeth. Il fut imité par d'autres négociants, tel Kemnitzer, qui servait en 1793 cappuccinos, nectars, sorbets, liqueurs et pâtisseries. Un siècle plus tard, vers 1900, on recensait pas moins de 600 cafés à Budapest.

Un autre chez soi

« Après les bains turcs, le café est la première de nos particularités orientales, rappelait l'écrivain Kosztolányi. Nous y passons notre vie. Nous le connaissons à toute heure du jour. Il y a l'heure des avocats, des médecins et des petits-bourgeois, celle de la sieste et des noceurs, celle des artistes et des hommes d'affaires. Un de

mes amis y avait sa bibliothèque et ses médicaments, et tous les jours, sans un mot, le serveur lui apportait sa valériane et son livre, ouvert à la page où il l'avait abandonné la veille. » Pour beaucoup de Pestois souvent mal logés, le café, si spacieux, si lumineux et toujours bien chauffé, faisait alors office de bureau ou de seconde maison : certains y préparaient leurs examens ou rêvassaient sur les banquettes en fumant une pipe turque (*chibouque*), d'autres disputaient des parties d'échecs, de billard ou de « banque polonaise » (un jeu de hasard interdit par la police), tandis que les critiques de théâtre rédigeaient leur papier du lendemain…

L'art du service

Les garçons étaient aux petits soins avec les hommes de lettres – ils mettaient à leur disposition journaux et magazines, dictionnaires, atlas, rames de papier, cachets d'aspirine, bicarbonate… – mais aussi avec les plus démunis, en leur faisant crédit, en rallongeant leur petit noir tout au long de la journée, en leur rendant la monnaie sur un billet qu'ils n'avaient pas reçu et en leur offrant un bon repas le jour de Noël. On pouvait bien sûr se faire adresser son courrier au café. Dans les plus grands établissements, ouverts 24h/24, on se chargeait même de livrer vos articles aux salles de rédaction, de cirer vos chaussures et de repasser vos vêtements !

Les rescapés

Bon nombre de ces établissements durent fermer leurs portes au lendemain de

Café de l'hôtel Astoria

la Première Guerre mondiale, devant la concurrence d'un café d'un genre nouveau, moins accueillant, plus exigu mais plus rapide : l'*eszpresszó*. Les autres, trop nonchalants et trop « bourgeois » au goût du régime, disparurent après 1945, accusés d'être des foyers de pensées réactionnaires. Seuls le café de l'**hôtel Astoria** (voir p. 139), le **Gerbeaud** (voir p. 23), le **Múzeum**, le **Művész** et le **New York** (voir encadré ci-dessous) conservèrent un peu de leur éclat, avec leurs grands miroirs et leurs lustres dorés. Mais la restauration du **Centrál** (p. 25) et la transformation de la salle Lotz en **Bookcafé** (p. 78) marquent un nouveau tournant dans l'histoire du *kávéház*.

New York

Édifié en 1894 à l'initiative d'une société d'assurances américaine, le New York était le plus somptueux de tous les cafés de Pest. Et le plus exubérant aussi : jour et nuit, un véritable essaim d'actrices, d'intellos et de musiciens bourdonnait parmi les marbres et les ors de cette ruche rococo. On y croisait des magnats du cinéma (Fox, Cukor, Goldwyn, Mayer), Imre Kálmán – le roi de l'opérette – ainsi que le jeune Mihály Kertész, qui s'imposa à Hollywood sous le nom de Michael Curtiz. Le café, embouti par un char soviétique en 1956, a retrouvé en 2006 son sublime décor fin XIXe s.

VII, Erzsébet körút 9-11 (D4)
Tram 4 ou 6 (arrêt Wesselényi utca), ou M° Blaha L. tér
☎ 06 1 886 6167 – www.newyorkcafe.hu
T. l. j. 9h-minuit
Cappuccino vanille : 1 340 Ft ; café au *tokaj* : 2 690 Ft.

Shopping mode d'emploi

Horaires d'ouverture

La plupart des magasins de vêtements, articles ménagers, etc., sont ouverts du lundi au vendredi de 10h à 18h, le samedi de 9h à 13h ou 14h. Certains accueillent les clients le samedi après-midi et le jeudi soir jusqu'à 20h. Les bureaux de tabac, chocolatiers et fleuristes sont ouverts le dimanche, ainsi que les centres commerciaux (Mammut, Westend…), les supermarchés (Spar, CBA), les boutiques de souvenirs de la **Váci utca** (I8/C4) et du **quartier du Château** (Várnegyed – G8/H8). Les noctambules pourront se rabattre sur les enseignes ouvertes 24h/24, tel le Roni ABC au M° Astoria. Sur les écriteaux, *zárva* signifie « fermé », *nyitva* « ouvert » et *rögtön jövök* « je reviens tout de suite ».

Soldes et rabais

Traquez les **affiches** *szenzációs áron* (« prix sensationnel »), *kiárusítás* (« soldes »), *diszkont* (« discount ») ou *ma minden 600 forint* (« aujourd'hui, tout est à 600 Ft ») : ce ne sont pas forcément des annonces mensongères. Les **prix** sont **fermes** sur les **marchés du centre** (ils sont même publiés dans la presse sous forme de tableaux comparatifs), mais on peut s'adonner aux joies du **marchandage** sur l'Ecseri piac et autres vide-greniers (p. 106-107).

Payer ses achats

La grande majorité des boutiques du **quartier du Château,** du **centre de Pest** et des malls comme **Westend** accepte les cartes de paiement. Vous résidez hors de l'Union européenne ? Si le montant de vos achats, par facture, est supérieur à 52 000 Ft, vous avez la possibilité de vous faire **rembourser une partie de la TVA hongroise** *(Áfa)* au Refund-Point de l'aéroport Liszt Ferenc après présentation aux douaniers de vos emplettes et de votre formulaire de remboursement *(áfavisszaigénylő lap)*.
Rens. : www.globalblue.com

SE REPÉRER

Nous avons indiqué pour chaque adresse Shopping sa localisation sur le plan général (B2, G8…). Pour un repérage plus facile en préparant votre week-end ou lors de vos balades, nous avons signalé sur le plan par un symbole rouge toutes les adresses de ce chapitre. Le numéro en rouge signale la page où elles sont décrites.

Notre Top des quartiers où shopper

- **Vintage**
  Erzsébetváros – *Voir plan C4/D4 et p. 36-37.*
- **Déco**
  Király utca – *Voir plan C3-4/D3 et p. 37 et 101.*
- **Antiquaires**
  Falk Miksa utca – *Voir plan I6 et p. 104-105.*
- **Bouquinistes**
  Múzeum körút – *Voir plan C4.*

Notre Top des boutiques les plus inspirées

- **Créateur, mode femme**
  Nanushka – *Voir p. 90.*

- **L'homme version magyare**
  Tisza cipő – *Voir p. 95.*
- **Vintage**
  Retrock – *Voir p. 99.*
- **Chocolatier**
  Rózsavölgyi Csokoládé *Voir p. 108.*
- **Vin et *pálinka***
  Bortársaság – *Voir p. 109.*

Le temps du luxe

Pour le moment, la **chic attitude** se concentre sur le **tronçon ouest de l'Andrássy út** (C2) et dans la **Deák Ferenc utca** (I8). Mais l'architecte strasbourgeois Christian Biecher est en train de créer, dans le palais bâti par Ignác Alpar au n° 1 de la Váci utca, un *department store* qui aura son lot de parfumeurs et de boutiques de mode. En attendant, le must absolu, depuis 2014, c'est **Il Bacio di stile,** au n° 19 de l'Andrássy ut (I7, lun.-sam. 10h-20h, dim. 11h-18h).

Des boutiques comme on n'en fait plus

En vingt-cinq ans, la capitale hongroise est passée de l'austère magasin d'État à l'hypermarché sur-approvisionné. Par chance, les chaînes internationales n'ont pas encore tué tous les petits commerces ! Au palmarès des échoppes les plus délicieusement surannées figurent le fleuriste **Philanthia** (p. 22), le gantier **Ékes** (p. 93), le tailleur **Fleischer** (p. 94), le cravatier **Kaczián** (p. 95), le marchand de tissus **City Special-Tex** (p. 99), la cristallerie **Ajka** (p. 101) et le matelassier **Imre Elfenbein** (p. 101).

Créateurs, mode femme

À Budapest aussi, la mode est en émoi. De la jupette sophistiquée en viscose grège au sarrau froissé de jardinière qui vous donne l'allure d'une gipsy girl, l'heure est au « tous azimuts » avec une nette prédilection, néanmoins, pour le look grand-mère et le pire des années 1980. Par bonheur, des créatrices de génie inventent ici des lignes qui ont du style. Voici les meilleures du moment.

Nanushka

V, Deák Ferenc utca 17 (I8)
M° Deák F. tér
☎ 01 202 1050
www.nanushka.hu
Lun.-sam. 10h-20h, dim. 10h-18h.

Des coupes inspirées, des textures légères, un showroom enveloppé d'un dais de draps blancs… On comprend pourquoi la talentueuse Sandra Sandor, née à Budapest mais diplômée du London College of Fashion, connaît un tel succès avec sa griffe Nanushka, en dépit de ses prix élevés. Sur les portants, des shorts en lin imprimés façon ocelot (38 000 Ft) et des pantalons crème très fluides pour nomades urbaines (48 000 Ft).

Emilia Anda

V, Galamb utca 4 (I8)
M° Ferenciek tere
Mobile ☎ 06 30 933 9746
www.andaemi.com
Lun.-ven. 12h-18h, sam. 11h-14h.

Imaginez, comme suspendues en apesanteur à d'invisibles portants, des robes fluidissimes, aussi épurées qu'un haïku japonais, des chemisiers en lin, constructivistes sans être froids, des jupes bordeaux en viscose moirée… Dans le cadre un peu ingrat de la rue Galamb, Emilia Anda a réussi à faire de son showroom une ode à la beauté

intérieure. Son credo : l'essentiel. Sa touche personnelle : l'inachevé. Elle soigne la découpe des poches, cultive l'ourlet qui s'effiloche. De la couture intelligente qui a déjà séduit Yoko Ono. Entre 5 000 et 150 000 Ft.

Katalin Hampel

V, Váci utca 8 (I8)
(au fond de la cour, à droite)
M° Vörösmarty tér
☎ 06 1 318 9741
www.hampelkati.com
Lun.-ven. 10h-18h, sam. 10h-13h.

Dans son minisalon situé au fond d'une petite cour, Katalin Hampel propose une mode plus sage, directement inspirée du trousseau traditionnel des aristocrates hongroises. Comptez autour de 100 000 Ft pour pouvoir virevolter dans une ravissante robe noire ou bleu nuit de style *magyaros*, en soie, brocart ou cachemire, garnie de brandebourgs gris. Un retour aux sources, élégant et champêtre.

Ludovika

VII, Rumbach Sebestyén utca 15 (C4)
M° Deák F. tér
www.facebook.com/ludovika-shop
Lun.-ven. 12h-20h, sam. 12h-18h.

Juste à côté de la synagogue de la rue Rumbach (p. 37), Dóra et Kriztina ont réussi à faire de leur petite boutique un cocon de douceur plein de bonnes « *vibes* ». Leur point fort ? Les créations à tirage limité de jeunes designers, les accessoires et le vintage. Prenez le temps de fouiner : robette d'antan ou crop-top tendance, elles ont le chic pour dénicher de jolies choses.

V50

V, Váci utca 50 (C4)
M° Ferenciek tere
☎ 06 1 337 5320
www.valeriafazekas.com
Lun.-ven. 10h-18h, sam. 10h-16h.

Une envie de chapeau ? Cela tombe bien : Valéria Fazekas est une charmante fée qui, d'un coup de baguette magique, a inventé – pour toutes celles qui rêvent de sculpter leur propre look – le « bibi » en coton modulable. Selon l'humeur ou la saison, vous pouvez l'aplatir comme une crêpe, le torsader ou l'allonger à volonté (entre 12 800 et 20 000 Ft). Mais ce n'est pas tout : elle signe aussi des robes minimalistes à poches décontractées, qui fleurent bon les années 1950. Craquant !

Náray Tamás

VI, Hajós utca 17 (I7)
M° Opera
☎ 06 1 266 2473
www.naraytamas.hu
Lun.-ven. 11h-18h.

Juste à côté de l'Opéra, le couturier hongrois Tamás Náray a ouvert un salon très élégant où il expose ses créations, toutes plus raffinées les unes que les autres : des sacs roses aux lignes racées, des vestes éblouissantes d'or et de superbes robes du soir à aigrettes et fleurs en taffetas. Rien que du grand art ! De 100 000 à 300 000 Ft.

Mono fashion

Plus de doute : la mode hongroise est en pleine ébullition ! Dans leur showroom très épuré, Judit Garam et son frère Péter ne se contentent pas de présenter leur propre ligne aux coupes fluides et teintes pastel (Nubu). Chaque mois, ils y accueillent aussi les créations d'un styliste différent et bourré de talent : Anh Tuan, Dora Konsánszky, Nanushka, Szép Szidónia…

V, Kossuth Lajos utca 20 (C4)
M° Astoria
☎ 06 1 317 7789
Lun.-ven. 11h-20h,
sam. 10h-18h.

Sacs, bijoux et autres accessoires

Il y a peu, Budapest était assez morne dans le domaine de l'accessoire : la tendance était à l'*azték*, un bijou en argent mexicain gravé de signes plus ou moins cabalistiques ! Par chance, de jeunes créatrices comme Ilona Ács ou Vanda Berecz se sont emparées de la maroquinerie et l'on trouve encore çà et là de vrais greniers, tristounets peut-être, mais qui disposent de solides arguments pour séduire les adeptes de la broche Art nouveau.

SACS ET GANTS

Bíró Éva

I, Dísz tér 16 (G8)
Várbusz, arrêt Dísz tér
☎ 06 1 214 8869
www.biro-leather.hu
T. l. j. 10h-17h (18h en été).

Éva Bíró, qui tient les rênes de cette petite échoppe du quartier du Château, fabrique à la main des objets décoratifs dans des cuirs d'excellente qualité. Ses sacs et sacoches garnis de fermetures originales « à la matelote » lui valent une place très honorable au hit-parade des maroquiniers. Notez qu'on y trouve aussi des… fouets (18 000 Ft) ! Idéal pour donner une touche rustique à votre intérieur ou jouer à l'apprenti dresseur de chevaux de la *puszta* (« steppe »).

Laoni

VII, Klauzál tér 1 (C4)
M° Blaha L. tér
☎ 06 1 322 7481
www.laoni.hu
Lun.-ven. 10h-19h.

Depuis 1998, Laoni est synonyme de jolis sacs en cuir naturel, gravé ou repoussé, qu'Ilona Ács réalise dans son atelier de Pest – des articles très soignés, déclinés en plusieurs collections (la plus pimpante est la Kaméleon). Et comme sa machine ne s'arrête pas aux sacs à main, elle coud aussi gants, ceintures, étuis à chéquier (14 000 Ft) et sacoches d'ordi !

Manu-Art

V, Károlyi körút 10 (C4)
M° Astoria
☎ 06 1 266 8136
www.manu-art.hu
Lun.-ven. 10h-18h,
sam. 10h-14h.

Une marque d'accessoires 100 % budapestoise ? Ça existe ! Leurs designers ont lancé une ligne très attrayante de sacs, cabas et petites trousses en lin, chanvre ou coton, déclinés dans de jolis tons, à partir de 9 000 Ft.

Ékes

V, Régi Posta utca 14 (I8)
M° Ferenciek tere
☎ 06 1 266 0986
Lun.-ven. 10h-18h, sam. 10h-13h.

Autre boutique un peu vieux jeu, celle de M. Ékes, *kesztyis mester* (« gantier ») de son état : une institution vénérable où l'on essaie, dans un silence religieux et avec une certaine componction, des chapeaux mais aussi toutes sortes d'élégants articles autrefois très en vogue, en pécari ou en résille. Idéal pour protéger vos mains ou conduire votre future décapotable (16 900 Ft la paire de gants en pécari « spécial auto »).

BIJOUX

Ómama Bizsuja

V, Szent István körút 1 (I6)
Tram 4 ou 6, arrêt Jászai Mari tér
☎ 06 1 312 6812
www.omamaantik.hu
Lun.-ven. 10h-18h, sam. 10h-14h.

Dans cette boutique, qui tient moins de la bijouterie que de la caverne d'Ali Baba, on déniche encore, au milieu d'un méli-mélo de toc et de kitsch, de vraies bagues hongroises toutes simples ou délicatement travaillées, des broches serties de pierres semi-précieuses et bien d'autres accessoires en ivoire, écaille de tortue ou bakélite. Annexe, côté Buda, au n° 7 de la Frankel Leó utca (B2-3, tram 4 ou 6, arrêt Margit híd Budai hídfő, mobile ☎ 06 20 259 7668, lun.-ven. 10h-18h).

Varga

V, Haris köz 6 (I8)
M° Ferenciek tere
☎ 06 1 318 4089
www.vargadesign.hu
Lun.-sam. 10h-18h, dim. 10h-16h.

Même si vous n'avez pas les moyens de craquer, poussez la porte de Miklós Varga ! Il est le plus talentueux des joailliers hongrois et ses bijoux sont des poèmes à eux tout seuls. Notre série préférée ? Les *Gingko biloba*, mais les *Larmes de lune* en platine et perle de Tahiti sont aussi charmantes.

Bartha

V, Semmelweis utca 19 ou Károly körút 22 (dans la cour) – I8
M° Astoria
☎ 06 1 317 6234
www.barthaekszer.hu
Lun.-ven. 10h-18h.

Vous aimez les anneaux sertis de brillants, les gourmettes à fins maillons, les sautoirs en cristal de roche ? Ce joaillier propose de jolis bijoux de style Sécession et des créations contemporaines pas trop tape-à-l'œil. Comptez 38 000 Ft pour un pendentif Art déco et 12 000 Ft pour une paire de boucles d'oreilles à quatre émaux de couleur terre.

Sacs à gogo

Si vous êtes de passage à Budapest au moment de la **Wamp**, courez-y ! Cette petite foire du design, très conviviale, a lieu un jour par mois, en général dans la halle B du Millenáris, ou place Erzsébet. Son point fort ? Les sacs, musettes et besaces ! István Esztány, Judit Ducsai et Lengyel Zsuzsi y exposent les leurs, aux côtés des superbes sacs-corolles de Vanda Berecz.

Millénaris : Kis Rókus utca 16-20 (B3)
Tram 4 ou 6, arrêt Széna tér ou Erzsébet tér – M° Deák F. tér
Lieu et date de la prochaine foire sur www.wamp.hu

L'homme, version magyare

Rassurez-vous : personne ne vous obligera à suivre les délires gothico-kitsch de Tamás Király, ce fameux couturier de l'avant-garde hongroise qui flatte la plastique de ses mannequins en les affublant de plaques de fer-blanc et d'éclats d'obus. En dehors des grandes griffes internationales, il reste encore à Budapest quelques boutiques où vous pourrez refaire votre penderie en jonglant entre petits prix, valeurs sûres et jeunes créateurs raisonnables…

Fleischer

VI, Nagymező utca 7 (C3)
M° Opera
☎ 06 1 267 4756
Lun.-ven. 10h-18h.

Les Fleischer, installés à deux pas de l'Académie Franz-Liszt, dans une vieille boutique aux étagères de bois, sont les champions de l'élégance masculine depuis 1930. Bien sûr, cela se mérite (à partir de 29 000 Ft la chemise sur mesure, en coton, flanelle ou popeline, avec ou sans monogramme) mais les finitions sont impeccables et la coupe ajustée à vos goûts : col Mao, col italien à pointes courtes, *button down* à pointes longues…

Tatuum

Aréna Plaza
VIII, Kerepesi út 9 (E4)
Tram 80 ou bus 178 au départ de la gare Keleti pu.
☎ 06 1 323 1694
www.tatuum.com
Lun.-sam. 10h-21h, dim. 10h-19h.

Créée à Lodz en 1997, la chaîne polonaise de magasins de vêtements Tatuum est une vraie *success story* en Europe centrale : vous ne la trouverez pas encore en France mais elle est déjà implantée dans cinq centres commerciaux de Budapest, dont l'Aréna (au n° 079 du rez-de-chaussée pour être précis, voir

p. 102), avec des polos sympas, fonctionnels et confortables à 4 500 Ft et des pantacourts « retour d'Afrique » à 9 900 Ft. Bref, rien que du casual fashion à petit prix !

Kaczián

V, Régi Posta utca 14 (I8)
M° Ferenciek tere
Mobile ☎ 06 20 36 56 503
www.kaczian.hu
Lun.-ven. 10h-18h, sam. 10h-13h.

L'une des dernières *nyakkendö szaküzlet* (« maison spécialisée en cravates ») de la capitale. Les plus beaux modèles, tous de confection locale, sont rangés dans les longues boîtes brunes, au bout du comptoir. Comptez entre 7 800 et 9 000 Ft pour une cravate en soie à jacquards dans le style Art nouveau ou à motifs cachemire sur fond bleu nuit.

Tisza cipő

Westend Citycenter
XIII, Váci út 1-3 (I6)
Au n° 27/b de la galerie Széchenyi István nagykörút
M° Nyugati pu.
☎ 06 1 238 7505
www.tiszacipo.hu
Lun.-sam. 10h-21h, dim. 10h-18h.

À l'époque communiste, la *Tisza cipő* produisait, mine de rien, trois millions de paires de baskets par an ! Grâce au talent de Krisztián Pádár, Eszter Áron et Zsofi Fenyvesi,

la marque vient de renaître, plus pimpante que jamais. Nous, on a flashé sur la paire olive, ocre et orange à scratch, mais il y en a aussi à lacets, dans toutes les combinaisons de tons possibles. En plus, ça ne coûte que 24 990 Ft et c'est 100 % hongrois !

Griff

Westend Citycenter
XIII, Váci út 1-3 (I6)
M° Nyugati pu.
☎ 06 1 238 7129
www.griff.hu
Lun.-sam. 10h-21h, dim. 10h-18h.

Ce magasin propose, au rez-de-chaussée du Westend (Széchenyi István nagykörút 15), du *street wear* pour businessmen et jeunes yuppies. Ce n'est pas d'un genre « tout fou », mais les prix sont attractifs et il y a de jolies chemises zippées que vous pourrez porter avec une veste à col Mao ou un costume en lin blanc à 139 000 Ft.

Vass László

V, Haris köz 2 et 6 (I8)
M° Ferenciek tere
☎ 06 1 318 2375
www.vass-cipo.hu
Lun.-ven. 10h-18h, sam. 10h-14h.

Cette petite boutique est le showroom du chausseur le plus chic de Hongrie sinon d'Europe centrale ! Depuis 1925, la famille Vass met son savoir-faire et ses cuirs fins au service de modèles indémodables : solides mocassins couleur miel, « Wiener » à petits trous, « Budapester » à bout fleuri… Il vous en coûtera 145 000 Ft pour une paire sur mesure en veau et 125 000 Ft pour des *ready made*.

Pólóbár

Dumtsa Jenő utca 11
(HP par B1 ; Szentendre, visite 13)
Mobile ☎ 06 20 394 2501
www.polobar.hu
T. l. j. 10h-17h ou 18h.

Envie d'un tee-shirt en coton imprimé d'un motif jeune, sympa et décalé ? Essayez Pólóbár ! Ils en ont au n° 2 de la Dob utca (C4, M° Astoria, lun.-mer. 11h-18h, jeu.-ven. 12h-19h, sam. 12h-16h30) mais celui de Szentendre a toute la série, du *I love Budapest* au *100 % hisztis* (« 100 % hystérique ») à 3 500 Ft en passant par les tracteurs, les fourmis, le hérisson, la Trabant…

Magyaros ruha

Le **trousseau des nobles hongrois** se composait, traditionnellement, d'un *díszmagyar* (costume de cérémonie brodé et bordé de fourrure), d'un *bocskai* (« tunique ») ou d'un attila, une casaque à haut col, garnie de brandebourgs et de boutons en olive, qui se portait cintrée, avec des pantalons moulants et de longues bottes (*csizma*). Il y avait aussi un chapeau à aigrette (*bocskai sapka*) qui, depuis 1990, fait à nouveau partie de l'uniforme de la garde nationale.

Le coin des enfants

Où l'on découvrira que les ateliers de confection hongrois ne font plus dans la vilaine blouse rigide et laborieuse qui donnait aux fillettes un petit air de cheftaine scoute : Budapest affiche aujourd'hui une mode sereine, pimpante et relativement inventive. Vous aurez tout loisir de le vérifier dans ces quelques boutiques qui vendent aussi marionnettes, jouets en bois et boots tout-terrain.

Siesta Cipőbolt

VI, Podmaniczky utca 17 (I6)
M° Nyugati pu.
☎ 06 1 311 9666
www.siestacipo.com
Lun.-ven. 9h-19h, sam. 9h-14h.

À trois minutes à pied de la gare de l'Ouest, un magasin sympathique où vous pourrez tranquillement choisir entre 400 modèles de chaussures, bottines, sandales, mules ultralégères, toutes hongroises (les Siesta sont fabriquées à Szombathely) et adaptées aux pieds de vos bambins qui font du bitume leur terrain de jeu. Parmi celles qui « marchent » très fort en ce moment et qui ont toutes les chances de ne pas passer inaperçues à la crèche : les bottines roses à fraises (*rózsaszín epres csizma*, 2 990 Ft) !

Játéksziget

Centre commercial Árkád
X, Örs vezér tere 25
(HP par F3)
M° Örs vezér tere
☎ 06 1 434 8133
www.jateksziget.com
Lun.-sam. 10h-21h,
dim. 10h-19h.

Dans la hotte de bons plans que Budapest réserve aux bambins, il y a « l'île aux jouets » – en hongrois *Játéksziget* – située au 1er étage du centre commercial Árkád (p. 103). Vous y trouverez des bataillons de joujoux aux couleurs ultravitaminées, des minipoupées Eperke et des Monopoly junior (7 990 Ft), le tout à des prix très doux. Annexes plus modestes au Mammut et à l'Aréna Plaza (p. 102).

Dollhouse

IX, Ráday utca 14 (C5)
M° Kálvin tér
☎ 06 1 213 8295
www.dollhouse.uw.hu
Lun.-ven. 10h-18h,
sam. 11h-14h.

Même si vous ne raffolez pas des poupées en porcelaine (à partir de 5 000 Ft), poussez la porte d'Ilona Kovács ! Il y a un je-ne-sais-quoi d'attendrissant (et de victorien) dans sa petite échoppe qui fourmille d'idées pour les grands enfants et les collectionneurs : des vêtements de poupée et toutes sortes d'accessoires destinés à décorer leur maison.

Happybox Nici

Westend Citycenter
XIII, Váci út 1-3 (I6)
M° Nyugati pu.
Mobile ☎ 06 20 395 3165
www.happybox.hu
Lun.-sam. 10h-21h,
dim. 10h-20h.

Au Westend aussi, on pense aux enfants : le Happybox qui se cache au n° 39 de la galerie « Eötvös József sétány » réunit des bataillons de joujoux que l'on ne croise pas toujours partout, des peluches ultra-moelleuses comme les zèbres Nici – les dernières stars de la collection – mais aussi des petits chiens en porte-clés (2 390 Ft). Trop mignon !

Kreatív Hobby

VIII, Üllői út 15 (C4-5)
M° Kálvin tér
☎ 06 1 266 0437
www.kreativhobby.hu
Lun.-ven. 10h-18h,
sam. 10h-14h.

Ce spécialiste du « à-faire-soi-même » a réuni des bataillons de colles, cires, acryliques, sprays, perles et autres menus matériaux qui devraient permettre à vos artistes en herbe de confectionner d'adorables pochoirs (*formgumi*), de jolis savons, des décors sur verre ou sur polystyrène (*hungarocell*). Bref, des objets bien plus originaux que les sempiternels tableautins en coquillages pour la fête des Mères !

Kis herceg

VI, Andrássy út 55 (C3)
M° Oktogon
☎ 06 1 342 9268
www.kishercegshop.hu
Lun.-ven. 10h-18h,
sam. 10h-13h.

À 5 min de l'Opéra vous trouverez, à l'enseigne du « Petit Prince » (*kis herceg*), un large éventail de vêtements et d'articles de sport destinés aux bébés et aux juniors. En vedette : les maillots de bain échancrés, pour toutes celles qui éprouveraient déjà une furieuse envie de jouer les starlettes en rose fuchsia et vert anis à la piscine Széchenyi. Sans oublier les casquettes corail Gas (4 830 Ft) qui font, elles aussi, une percée remarquée sur le marché de la frime...

www.kishercegshop.hu
Kis herceg
GYERMEKDIVAT

Marionnettes au Bábszínház

Vous avez oublié la fin d'*Ali Baba és a negyven rabló* (*Ali Baba et les 40 voleurs*) et vous ignorez tout des aventures de la Vilaine Coccinelle ? Les marionnettistes hongrois, qui ont derrière eux une longue tradition, pourront réparer cette erreur.

VI, Andrássy út 69 (D3) – M° Vörösmarty utca
☎ 06 1 342 2702 – www.budapest-babszinhaz.hu
Spectacles : t. l. j. à 18h ou 20h30
Billetterie : t. l. j. 9h-18h ; billets : de 1 000 à 2 500 Ft.

Vintage et occasion

Tout augmente, c'est vrai. Mais si vous sortez des sentiers battus, vous aurez toutes les chances de tomber sur des occasions inespérées. D'autant qu'à côté des réseaux de distribution traditionnels se multiplient magasins d'usine, « opérations déstockage » et boutiques de *használt ruha*. Certes, le vêtement d'occasion, ici, est rarement du haut de gamme, mais en ces temps d'inflation, pourquoi ne pas miser sur de bons basiques à prix champions ?

VÊTEMENTS

Látomás

VII, Dohány utca 16-18 (C4)
M° Astoria
☎ 06 1 267 2158
www.latomas.hu
Lun.-ven. 11h-19h30, sam. 11h-18h.

Si l'esthétique « cyanure » (voir Jajcica ci-contre) vous donne des boutons, essayez Látomás (« vision »), la boutique de Julie Szontágh, qui fait dans le contemporain pas cher, avec des modèles, en petites séries, d'une trentaine de jeunes créateurs hongrois : de la maille rigolote, des accessoires originaux… Nos coups de cœur ? Les sacs-disque en vinyle de Balkán Tango et les manteaux opulents de Kati Nádasdi.

Humana

V, Szent István körút 9 (I6)
M° Nyugati pu.
☎ 06 1 606 9902
Lun.-ven. 9h30-20h, sam. 10h-15h.

La chaîne Humana est l'une des spécialistes du *second hand* en Europe centrale. Bien sûr, ce dépôt-vente n'arrive pas encore à la cheville de ses confrères berlinois mais c'est tout de même l'endroit idéal pour dénicher de l'original, du kitsch ou du *trendy* à petits prix. Si vous voyez placardés en vitrine les mots *ma minden 600*, précipitez-vous : cela

signifie tout bonnement que… « aujourd'hui, tout est à 600 Ft ». Qui dit mieux ?

Retrock

VI, Anker köz 2 (I8)
M° Deák F. tér
Mobile ☎ 06 30 472 3636
www.retrock.com
Lun.-ven. 11h-21h, sam.-dim. 11h-20h.

Voici une boutique très sympa qui a parfaitement compris l'air du temps : elle réunit mode vintage et créations de jeunes stylistes oscillant entre le romantisme nonchalant et le classique espiègle. Les meilleurs du moment ? Emese Kasza, au design minimaliste, et Urban Legend, le premier label hongrois spécialisé en coupe-vent (ils sont sertis de QR-codes racontant les différentes légendes urbaines de Budapest !). Il y a aussi les sous-vêtements à pompons de Zsófia Farkas et des chemises délirantes à 5 990 Ft.

Szputnyik

VII, Dohány utca 20 (C4)
M° Astoria
☎ 06 1 321 3730
www.szputnyikshop.hu
Lun.-ven. 11h-20h, sam.-dim. 11h-18h.

Une surprise vous attend à deux minutes à pied de la synagogue de la Dohány utca (p. 36) : un tout nouveau showroom de 300 m^2 dédié « aux modes du passé et au style du futur ». Ce qui permet d'associer des vêtements très différents : une chemise *provokatív modern* avec un gilet *romantikus vintage.* Il y en a pour tous les goûts (hippie, pop…), à prix décents. À partir de 3 500 Ft.

Szőrme

V, Szent István körút 17 (I6)
M° Nyugati pu.
☎ 06 1 332 5759
www.szormeszalon.hu
Lun.-ven. 10h-18h (et sam. 10h-13h, nov.-avr.).

Un vrai filon pour les frileuses et toutes celles qui ont des caprices de diva. Il y a là des vestes trois-quarts en zibeline, des capes en queues de marmotte, des toques et des *sapkák* (« chapkas ») à des prix inférieurs de 40 % par rapport à l'Europe occidentale. À ce tarif-là, on peut jouer à la princesse de l'Oural. Comptez 349 000 Ft pour un manteau en *nerc* (« vison »).

Outlets

La chasse aux bonnes affaires passe aussi par les *outlet üzlet*. Le phénomène est encore assez neuf en Hongrie, mais le plus proche, situé dans le XIe arrondissement (**Loft,** Budafoki út 64 – HP par C5, ☎ 06 1 382 0127, lun.-ven. 10h-19h, sam.-dim. 10h-17h), démarre sur les chapeaux de roue : il vous habille de pied en cap en griffes italiennes. L'**Eclectick Design Shop** (V, Irányi utca 20 – C4, ☎ 06 1 266 3341, www.eclectick.hu, lun.-ven. 10h-19h, sam. 11h-16h) est nettement plus trendy et alternatif. Tous ses vêtements et accessoires jouent la carte de la création hongroise. Soutenez-le !

Jajcica

VII, Dohány utca 94 (D3-4)
M° Blaha L. tér
☎ 06 1 321 2081
www.jajcica.hu
Lun.-ven. 10h-19h, sam. 10h-14h.

L'ex-*Ciánkáli* – « cyanure » en v. f. – est le fournisseur idéal pour papillonner à peu de frais dans les soirées underground de Budapest. Dans son antre en brique, rien que de l'occasion bon marché, à faire pâlir d'envie tous les clubbers en mal de panoplies délirantes : treillis en polyester (3 000 Ft), rangers néogothiques « Gladiator » et vestes en cuir… noir, cela va sans dire.

TISSUS

City Special-Tex

V, Petőfi Sándor utca 18 (I8)
M° Vörösmarty tér
☎ 06 1 318 7332 ou 2429
Lun.-ven. 10h-18h, sam. 9h30-13h30.

Dans l'ancien atelier de confection Merino, une bonne sélection de tissus d'ameublement anglais, ni trop modernes ni trop classiques, mais parfois kitsch, à petits prix et de toutes les textures (imprimé, broché…) que vous pourrez métamorphoser en rideaux, coussins et housses de couette.

Tout pour la déco

À en juger par le nombre des magasins d'aménagement et des revues spécialisées qui fleurissent dans la capitale hongroise, on dirait bien que la jeune génération a une furieuse envie de se mettre à l'heure déco. Si les classiques du high-tech international sont presque aussi chers qu'ailleurs, il y a encore des « bons plans » dans le domaine du meuble rustique, du tapis persan et du duvet d'oie.

MOBILIER

Kéttemplom Galéria

VI, Paulay Ede utca 10 (I8)
M° Bajcsy-Zsilinszky út
☎ 06 1 317 6509
www.kettemplom.hu
Lun.-ven. 10h-18h, sam. 10h-14h.

Vous traquez le meuble campagnard patiné à l'ancienne ? Ne cherchez plus ! Ce showroom du VIe arrondissement réunit sur deux niveaux les solides créations d'un ébéniste de la région de Kecskemét qui met son talent dans l'art du coffre en bois peint (*festett láda*) et du banc-huche à couvercle plat (69 000 Ft). Le vieil établi au sous-sol est ravissant lui aussi mais un peu plus compliqué à transporter !

Holló Műhely

V, Vitkovics Mihály utca 12 (I8)
M° Ferenciek tere
☎ 06 1 317 8103
Lun.-ven. 10h-13h et 13h30-18h, sam. 10h-14h.

Cet atelier, fondé en 1926, est un vrai filon pour les fans du style champêtre, qui voudraient égayer leur intérieur de meubles paysans en bois peint. Coffres et bahuts, inspirés de modèles traditionnels du bassin des Carpates, sont ici décorés par László Holló de tulipes, oiseaux ou petits cœurs. Les cadres des miroirs, bougeoirs et ronds de serviette sont soumis au même traitement.

OBJETS

Goa Home

VII, Király utca 19-21 (C4)
M° Opera ou Deák F. tér
☎ 06 1 352 8442
www.goaworld.hu
Lun.-ven. 10h-19h, sam. 10h-14h.

À Budapest aussi, l'heure est aux sortilèges de l'Asie. Si vous êtes friand(e) de bambou et de raphia, poussez la porte de ce comptoir où sont exposés, dans une belle harmonie de teintes, des poufs, des tables basses, des banquettes noires à haut dossier et bien d'autres objets encore qui fleurent bon les vérandas de Goa et les moussons de Chandernagor...

TAPIS

Kilim

V, Irányi utca 5 (C4)
M° Ferenciek tere
☎ 06 1 337 1192
www.kilim.hu
Lun.-ven. 11h-19h, sam. 10h-14h.

Vous rêvez de jouer au grand vizir et de faire de votre chambre un sérail ? Vous avez besoin d'une descente de lit qui soit aussi douce que du velours ? Commencez par cette très gentille spécialiste du kilim. Dans sa caverne d'Ali Baba, au sous-sol, s'entasse une sélection de tapis qui ont en commun le goût et la provenance : l'Asie centrale. Prix moins élevés qu'au bazar d'Istanbul.

ARTS DE LA TABLE

Haas & Czjzek

VI, Bajcsy-Zsilinszky út 23 (I7)
M° Arany János utca
☎ 06 1 311 4094
www.porcelan.hu
Lun.-ven. 10h-19h, sam. 10h-15h.

Un festival de verres délicats et de précieuses porcelaines qu'il vaut mieux ne pas trop confier au lave-vaisselle : soupières de Herend (p. 116), vases en céramique de Zsolnay (p. 117), flûtes tchèques en cristal gravé de motifs fleuris, le tout à des prix manifestement plus intéressants que chez les détaillants de la Váci utca.

Ajka kristály

V, Kossuth Lajos utca 10 (I8)
M° Ferenciek tere ou Astoria
☎ 06 1 328 0844
www.ajka-crystal.hu
Lun.-ven. 10h-18h, sam. 10h-14h.

Avis aux nostalgiques du verre à l'ancienne : la manufacture Ajka, fondée en 1878 par Bernat Neumann et nationalisée dès 1948, existe toujours ! Elle perpétue, au nord-ouest du lac Balaton, la tradition du cristal taillé et gravé à la main (8 900 Ft la coupe). Vous en trouverez sur les étagères de cette vénérable boutique, désuète à souhait, aux côtés de créations tout aussi fragiles et raffinées de Zsolnay (p. 117).

TISSUS

Eventuell

V, Nyáry Pál utca 7 (C4)
M° Ferenciek tere
☎ 06 1 318 6926
www.eventuell.hu
Lun.-ven. 11h-18h, sam. 10h30-14h.

Ce studio, fondé en 1994 par les créateurs Kónya, Munkácsi, Szabó et Szigeti, édite de fort jolis tissus d'ameublement caractérisés par la sobriété de leur ligne et la fraîcheur de leurs motifs. Pour habiller vos coussins et vos fenêtres, il y a du lin crème rayé de bleu et toutes sortes de subtiles variations qui rappellent l'ikat et certaines textures rustiques. Prévoyez un bon métrage pour donner de l'ampleur au tombé de l'étoffe.

Paplankészítő

C'est le nom hongrois du matelassier qui emplit les oreillers et les édredons de la plus moelleuse des garnitures : le duvet d'oie. Si les grosses couettes d'hiver hypoallergéniques de **Nádortex** (V, József Nádor tér 12 – I8, ☎ 06 1 317 0030, lun.-ven. 11h-17h) sont peut-être un peu encombrantes pour l'avion du retour, les adeptes du cocooning devraient trouver chez deux artisans de Pest – **Imre Elfenbein** (VI, Teréz körút 35 – C3, ☎ 06 1 312 2516, www.paplan.hu) et **István Kakas** (XIII, Visegrádi utca 8 – I6, ☎ 06 1 340 4495, lun. 9h-17h45, mar. et jeu. 9h-17h) – des coussins bien douillets à des prix très doux.

Les temples du shopping

Ils sont flambant neufs, ouverts tard et climatisés. Ils ont des parkings grandioses et des cinémas multiplex, des centres de fitness et des bowlings ultramodernes. Ce sont les *bevásárlóközpontok*. En clair : les galeries marchandes de la planète Shopping où tout Hongrois, chic ou cheap, vient faire du lèche-vitrines et surfer sur les escalators. À vos Caddies !

Köki Terminál

XIX, Vak Bottyán utca 75 (HP par E5)
M° Kőbánya-Kispest
☎ 06 1 919 1333
www.kokiterminal.hu
T. l. j. 6h-22h.

Un petit tour de métro jusqu'au terminus de la ligne bleue

et vous voici au pied d'un paradis de la caisse enregistreuse : le Köki Terminál ! Ce colosse gris platine et rouge brique, qui a coûté la bagatelle de 40 milliards de forints, est le dernier-né (2011) de tous les malls de la capitale. Il égrène sur 60 000 m^2 une quantité industrielle d'enseignes : Herbária, Libri, Rossmann, Szamos… Les trois premières heures de parking sont gratuites.

Aréna Plaza

VIII, Kerepesi út 9 (E4)
Trolley 80 ou bus 178 au départ de la gare Keleti pu.
☎ 06 1 880 7000
www.arenaplaza.hu
Lun.-sam. 10h-21h, dim. 10h-19h.

Il a ouvert ses portes en 2008 et il affiche, avec 200 boutiques, le meilleur du prêt-à-porter des pays de langue allemande : Högl, Humanic, Peek & Cloppenburg, Salamander… Son gros atout ? Il est situé à une seule station de trolley ou de bus de Keleti pu. (l'arrêt fait face au flanc sud de la gare). Hyperpratique, non ? Autre point fort : l'excellent salon de thé viennois Demmers au rez-de-chaussée.

Mammut

II, Lövőház utca 2-6 (B3)
M° Széll Kálmán tér
☎ 06 1 345 8020 / 8333
www.mammut.hu
Lun.-sam. 10h-21h, dim. 10h-18h.

Sa popularité tient sans doute à sa taille : le Mammut de Buda, en effet, n'a « que » 56 000 m^2, ce qui le rend presque humain. Il réunit tous les standards européens, avec un net penchant pour le sportswear (Arena, Champion, O'Neill…). Ce qui n'a rien de renversant, mais la pause-café au Dokk (2e étage du Mammut I) est plutôt agréable, tout comme le Bio Sétány, qui regorge de produits naturels (1er étage, voir p. 109).

Duna Plaza

XIII, Váci út 178
(HP par D1)
M° Gyöngyösi utca
☎ 06 1 465 1666
www.dunaplaza.hu
Lun.-sam. 10h-21h, dim. 10h-19h.

D'après les statistiques, 170 000 visiteurs en moyenne se presseraient chaque semaine aux portillons de ce complexe de 42 000 m² qui compte près de 200 magasins, dont un supermarché CBA (lun.-sam. 7h-21h30, dim. 8h-20h), un Marks & Spencer, un gros Intersport et un Media Markt, temple de l'électroménager et de la hi-fi. Jetez un œil en passant sur l'excellent fleuriste du rez-de-chaussée (Imori) et sur Invázió, une boutique de fringues très prisée des jeunes générations.

Árkád

X, Örs Vezér tere 25
(HP par F3)
M° Örs Vezér tere
☎ 06 1 433 1414
www.arkadbudapest.hu
Lun.-sam. 10h-21h, dim. 10h-19h.

Pour les « mallmaniacs », un autre exemple de ces *bevásárlóközpontok* ostentatoires et postmodernes qui poussent comme des champignons dans les banlieues de Budapest où il existait, avant 1996, très peu d'équipements commerciaux et de loisirs : 170 commerces et 1 300 places de stationnement !

Campona

XXII, Nagytétényi út 37-43
(HP par C5)
Bus 33, arrêt Lépcsős utca
☎ 06 1 424 3000
www.campona.hu
Lun.-sam. 10h-20h, dim. 10h-19h.

Cet hypermarché, situé au fin fond du XXIIe arrondissement, sur la route qui mène au château de Nagytétény, attire surtout les consommateurs motorisés qui peuvent remplir leur coffre d'articles de sport et de chaussures. Mais la grande attraction réside moins dans l'inévitable McDrive que dans les requins, alligators et autres reptiles du tropicarium (3 000 m² !) aménagé en l'an 2000 pour la bagatelle de un milliard de forints… histoire de faire rêver tous ceux qui n'ont pas les moyens de partir aux Caraïbes. Entrée : 2 300 Ft, 1 600 Ft pour les 4-18 ans, www.tropicarium.hu

Westend Citycenter

Bâti en 499 jours à côté de la gare de l'Ouest par Finta et 10 000 ouvriers, le Westend est l'un des malls les plus gigantesques et les plus ludiques d'Europe : 14 salles de cinéma, une cascade, un jardin suspendu, 40 cafés-restaurants et pas moins de 400 boutiques. Nos coups de cœur : le **Retro** (Báthory sétány 24, ☎ 06 1 238 7176), qui devrait faire le bonheur des amateurs de jeans et de polos, et le **Perk** (Millenium udvar 206, Mobile ☎ 06 30 689 7859), un café fort agréable, même s'il ne dispose pas d'un balcon en plein air.

XIII, Váci út 1-3 (I6)
M° Nyugati pu.
☎ 06 1 238 7777
www.westend.hu
Lun.-sam. 10h-21h,
dim. 10h-18h ou 19h.

Antiquaires et galeristes

Vous n'avez d'yeux que pour les écritoires en merisier, les tapis turkmènes et les candélabres en vermeil ? Précipitez-vous dans la Falk Miksa utca, où les antiquaires se sont tous regroupés, histoire de vous donner davantage le tournis. Gardez la tête froide, méfiez-vous des copies et songez que, pour les œuvres d'art vraiment anciennes, il vous faut un permis d'exportation.

Kieselbach

V, Szent István körút 5 (I6)
M° Nyugati pu. ou tram 4 et 6, arrêt Jászai Mari tér
☎ 06 1 269 3148 / 3149
www.kieselbach.hu
Lun.-ven. 10h-18h, sam. 10h-13h.

Même si vous n'avez ni les moyens ni l'intention de craquer, accordez-vous quelques moments de rêve chez ce marchand d'art, l'un des plus cotés de Pest, qui s'est spécialisé dans la peinture hongroise des XIXe et XXe s. : il a le chic pour dénicher de charmants tableautins d'Antal Ligeti et d'Adolf Fényes. Dates de ses prochaines ventes aux enchères sur le site Internet.

Anna Antikvitás

V, Falk Miksa utca 18-20 (I6)
M° Kossuth tér
☎ 06 1 302 5461
www.annaantikvitas.com
Lun.-ven. 10h-18h, sam. 10h-13h.

Anna joue dans un registre nettement moins onéreux. Cette sympathique brocante accumule toutes sortes de tissages multicolores et de napperons en dentelle, qui datent tout au plus de l'époque de nos arrière-grands-mères, mais aussi des bijoux et des terres cuites qu'elle a réussi à exhumer de la campagne hongroise. Comptez 6 800 Ft pour une écuelle de Transylvanie.

Árpád

VI, Jókai utca 18 (C3)
M° Oktogon ou Nyugati pu.
☎ 06 1 269 1244
www.arpaderembolt.hu
Lun.-ven. 10h-18h, sam. 10h-14h ; en juil.-août, f. le sam.

Pour les passionnés de philatélie et de numismatique, une petite boutique où les médailles entament une seconde carrière, aux côtés de timbres défraîchis, de billets de banque et de pièces de monnaie éditées à l'occasion du 300e anniversaire de la flotte russe.

Aranyecset

V, Váci utca 66 (C4)
M° Ferenciek tere
☎ 06 1 266 4110
www.antikaranyecset.hu
Lun.-ven. 10h-18h, sam. 10h-14h.

L'un des meilleurs antiquaires du quartier dans la catégorie « classique ». Les plus exigeants d'entre vous y trouveront de fort jolies pièces, rares et d'un goût très sûr : des bonheurs-du-jour marquetés, des tapis persans, des tableaux des XVIIIe et XIXe s., mais aussi du cristal, de la porcelaine et de l'argenterie à des prix décents.

Studio Agram

V, Falk Miksa utca 10 (H6/I6)
M° Kossuth tér
☎ 06 1 428 0653
www.studioagram.com
Lun.-ven. 10h-18h, sam. 10h-14h.

La seule galerie de Pest qui explore le champ de l'Art déco, du Bauhaus et de l'entre-deux-guerres : une incursion courageuse qui nous vaut une belle sélection de guéridons en métal chromé, de coiffeuses épurées et de chaises toutes laquées de noir. Ce n'est pas donné, mais c'est original et séduisant.

BÁV

V, Bécsi utca 1-3 (I8)
M° Vörösmarty tér
☎ 06 1 429 3020
www.bav.hu
Lun.-ven. 10h-18h, sam. 10h-14h.

Derrière ce sigle se cache l'ancien mont-de-piété de l'État : une institution qui compte encore seize dépôts-ventes à l'enseigne de la Vénus de Milo. Celui-ci, qui cumule œuvres d'art et bijoux, rachète, par son éclectisme et son bon rapport qualité-prix, l'humeur encore un peu revêche de ses vendeurs. On peut aussi dénicher des objets intéressants dans les annexes BÁV situées près du M° Astoria (Semmelweis utca 15 – I8, ☎ 06 1 317 6250), du M° Oktogon (Jókai utca 29 – I6, ☎ 06 1 312 2297) et du terminus nord du tram 2 (Szent István körút 3 – I6, ☎ 06 1 473 0666).

Kálmán Makláry Fine Arts

V, Falk Miksa utca 10 (H6/I6)
M° Kossuth tér
☎ 06 1 374 0774
www.kalmanmaklaryfinearts.com
Mar.-sam. 10h-18h.

Un galeriste sérieux qui occupe le créneau des artistes hongrois ayant émigré en France avant guerre ou après 1956. Il faut dire qu'ils sont légion, de Vásárhelyi Győző, alias Vasarely (le père de l'art optique), à László Elkán, plus connu sous le nom de Lucien Hervé, photographe attitré de Le Corbusier. Prix honnêtes.

Pintér

Ce galeriste a investi un abri antiaérien de la Seconde Guerre mondiale pour y aménager un espace d'exposition de 1 800 m². On vous laisse imaginer la quantité de trésors qui s'y entassent ! Argenterie, porcelaine, lustres en cristal de Bohême flambant neufs voisinent avec du mobilier de style Biedermeier et de jolies caisses enregistreuses. Et pour les chineurs exténués, il y a une pause-café au milieu du labyrinthe.

V, Falk Miksa utca 10 (H6/I6) – M° Kossuth tér
☎ 06 1 311 3030 – www.pinterantik.hu
Lun.-ven. 10h-18h, sam. 10h-14h.

Marchés et vide-greniers

Laissez votre carte de crédit à l'hôtel, munissez-vous de petits billets et partez à la conquête des marchés de Budapest. Avec un peu de flair – et pour peu que vous évitiez Józsefvárosi piac et autres terrains vagues spécialisés dans la contrebande et la contrefaçon – vous trouverez de quoi remplir votre sac à dos ou votre filet à provisions à des prix d'ami…

Lehel Csarnok

XIII, Váci út 9-15 (C2)
M° Lehel tér
Lun.-ven. 6h-18h, sam. 6h-14h, dim. 6h-13h.

Avant qu'il ne soit couvert (2002), le marché de la place Lehel était l'un des plus pittoresques de la capitale. Le samedi matin surtout, quand ça virait au bain de foule : certains étaient prêts, alors, à piétiner père et mère pour décrocher une saucisse de cheval (*sic*) même si l'étal du charcutier était plutôt limite question hygiène ! Aujourd'hui, c'est toujours l'un des moins chers de la ville et on y trouve encore du *karalábé*, ce chou-rave blanc hâtif de Vienne dont la chair est plus tendre et le goût plus délicat qu'il n'y paraît. Sans oublier les incontournables galettes de pommes de terre à la crème aigre et au jus d'ail, que l'on appelle *lángos*.

Ecseri piac

XIX, Nagykőrösi út 156
(HP par C5)
Bus 54 au départ de Boráros tér, arrêt Hunyadi utca
Lun.-ven. 8h-16h, sam. 6h-15h, dim. 8h-13h.

Voici le marché aux puces avec ses porcelaines, ses vieux phonos, ses fripes et ses icônes.

Il est situé dans un quartier excentré et plutôt déprimant, mais l'ambiance électrique du samedi séduira les chineurs expérimentés. La règle veut que les chiffonniers tsiganes (qui tiennent les rênes de cette cour des miracles) gonflent les prix d'au moins 20 % ce jour-là et qualifient d'*antik* des objets qui datent juste d'hier. À vous de faire la différence et de marchander intelligemment pour ne payer que la moitié du prix indiqué...

Virágpiac

(Marché aux fleurs)
II, Fény utca (B3)
M° Széll Kálmán tér
www.fenyutcaipiac.hu

La grande halle, derrière le Mammut, se métamorphose, le dimanche matin, en *virágpiac* : un marché aux fleurs, très odorant au printemps, qui réunit une belle sélection de végétaux des champs et des jardins, des brassées de tournesols et de tulipes, toutes sortes de graines et de plantes aromatiques. Bien sûr, il y a moins cher, mais c'est plus loin – au fin fond du XIe arrondissement, Budaörsi út – et réservé aux lève-tôt. Ici, les fleuristes ne remballent pas avant 11h30 !

Petőfi Csarnok

XIV, Zichy Mihály út 14 (E2)
M° Széchenyi fürdő
Sam.-dim. 8h-14h
Accès payant (150 Ft).

Dans la catégorie vide-greniers, il y a aussi le déballage hétéroclite qui se tient chaque week-end au « PeCsa », la disgracieuse salle polyvalente bâtie en 1985 au milieu du Városliget (voir p. 32). Plus modeste mais plus central que l'Ecseri piac, il attire fauchés et fouineurs. Au choix : rideaux, chaussures, jouets, etc. L'usage veut que l'on ne marchande pas les articles de moins de 500 Ft.

Bakancsos utcai piac

XVII, entre Bakancsos utca et Flamingó köz (HP par F4)
Bus 67 au départ d'Örs Vezér tere, arrêt Szürkebegy utca (après la piscine)
Ven.-dim. 6h-13h.

Une adresse très excentrée et peu touristique où il est encore possible de faire de bonnes affaires. Prêt(e) pour l'aventure ?

Il y a de vieux pots, des fripes à moins de 500 Ft, des appareils photo et des meubles divers que les champions de la récup' sauront rajeunir d'un coup de pinceau sans trop grever leur budget.

Marché de Noël

V, Vörösmarty tér (I8)
M° Vörösmarty tér
1er-23 déc. : t. l. j. 10h-20h
24 déc. : 10h-14h
Concert de noël t. l. j. à 17h.

Chaque année, à l'approche de l'Avent, Pest ressort ses stands d'artisanat et enrubanne le sapin (20 m de haut !) de pommes, de noix et de guirlandes pour mieux sacrifier au rite du vin chaud – le *forralt bor* est la drogue hivernale par excellence – et du *beigli*, le roulé aux noix et pavot. C'est le moment ou jamais de faire le plein de jouets et de cadeaux en cuir, en bois ou en cire, et de friandises traditionnelles : les *mézeskalács* au miel, les *szaloncukor* fourrés à la gelée... On en passe et des meilleures.

Vásárcsarnok

Avec ses frises en céramique, ses tuiles multicolores et sa structure d'acier, la « **halle centrale** », conçue par Samu Pecs (1894-1896), est un joyau du genre. Vous y trouverez liqueurs, miel d'acacia, confitures d'airelles, pavot moulu à 880 Ft le kg (stand BIII/3), « caviar » malossol d'Astrakhan... Comme les prix et la qualité diffèrent beaucoup d'un stand à l'autre – l'allée gauche étant la moins chère –, prenez le temps de comparer ! Il y a de nombreux attrape-touristes dans l'allée droite, pas mal de kitsch folklorique pseudo-artisanal au 1er étage et parfois quelques pickpockets, mais ça vaut quand même le déplacement !

IX, Vámház körút 1-3 (C5)
M° Fővám tér (ligne 4)
www.piaconline.hu
Lun. 6h-17h, mar.-ven. 6h-18h, sam. 6h-15h.

Boutiques gourmandes

Ici, la multiplication des grandes surfaces n'a guère laissé le temps aux épiceries fines de s'implanter aux côtés des traditionnels commerces de proximité (CBA et autres Élelmiszer). Voici néanmoins, du foie gras au caviar en passant par les compotes et les condiments, quelques haltes dont la qualité des produits séduira les papilles des vrais gourmands.

Rózsavölgyi Csokoládé

V, Királyi Pál utca 6 (C4)
M° Kálvin tér
Mobile ☎ 06 30 814 8929
www.rozsavolgyi.com
Lun.-ven. 10h30-13h et 13h30-18h30, sam. 12h-18h.

Un péché mignon que vous pourriez rapporter de Budapest les yeux fermés ? Les tablettes de la manufacture de chocolat la plus méritante de la capitale ! Déclinées en une dizaine d'arômes (thé matcha, paprika, mandarine, olives & pain...), elles surprennent par leur ravissant papier d'emballage et leurs bas-reliefs inspirés de motifs traditionnels hongrois. De 1 360 à 1 960 Ft.

Pick

V, Kossuth Lajos tér 9 (H7)
M° Kossuth tér
☎ 06 1 331 7783
www.pick.hu
Lun.-ven. 6h-18h.

On s'y presse pour faire provision de charcuteries, de la plus basique à la plus sophistiquée, comme le *téliszalámi* – la Rolls Royce du saucisson – ou encore la *gyulai kolbász*, une saucisse au paprika, à l'ail et au carvi qui se savoure au petit déjeuner, les médecins hongrois n'ayant pas encore inventé le cholestérol. En ce moment, ils n'ont plus la « valisette découverte » avec 4 salamis pour 6 000 Ft, mais vous devriez tout de même trouver votre bonheur !

Doczy Delicatesse

V, Országház utca 16 (G7)
Bus 16 ou 164, arrêt Országház utca ou Tárnok utca
☎ 06 1 212 3761
Lun.-ven. 9h-18h, sam. 10h-18h, dim. 10h-17h.

Situé à l'angle de la rue Dárda, Doczy est un amour de boutique, aussi exiguë qu'une cabine d'essayage, qui cultive un certain bon goût en matière de gastronomie hongroise : vous y trouverez des blocs de foie gras d'oie « Gundel », des flacons d'Unicum, une palette d'eaux-de-vie de poire qui claquent au palais (*körtepálinka*)... Sans oublier un vrai péché : le foie gras Gundel au *tokaj*, idéal pour les tête-à-tête en amoureux.

Bio Sétány

Centre commercial Mammut I
II, Lövőház utca 2-6 (B3)
M° Széll Kálmán tér
Mobile ☎ 06 30 831 5256
Lun.-sam. 9h-20h.

Ce petit supermarché situé au 1er étage du Mammut I (à l'intérieur du complexe dit « Bio Centrum ») offre un appétissant concentré de produits bio, souvent allemands ou autrichiens, dont le prix est raisonnable et le packaging rigolo : pour 750 Ft, vous pourrez vous fournir en jus de pomme-cerise ou pomme-canneberge Vita Verde : c'est tout plein de vitamines et garanti sans *génmanipuláció*.

Cukorka

V, Múzeum körút 7 (C4)
M° Astoria
☎ 06 1 223 4223
www.cukorka.com
Lun.-ven. 10h-19h, sam. 10h-15h.

Autre péché mignon que vous pourriez rapporter de Budapest les yeux fermés : les friandises de Cukorka, un atelier rouge vif,

niché dans la cour intérieure de l'immeuble (1re porte à droite), qui décline à l'envi le sucre d'orge sous toutes ses formes – bûchettes, sucettes... – et parfums (cannelle, piña colada...). On peut les acheter pour trois fois rien (900 Ft) en tube à essai !

Szamos

V, Váci utca 1 (I8)
M° Vörösmarty tér
Mobile ☎ 06 30 570 5973
www.szamosmarcipan.hu
T. l. j. 10h-21h.

Bienvenue dans le monde enchanté du praliné et du massepain. Les Szamos, les premiers confiseurs à renouer avec la fabrication de la vraie pâte d'amande, ne cessent d'imaginer de nouvelles friandises. Avouons-le : nous avons un faible pour les ganaches fraise ou citron (1 460 Ft). Mais il y a aussi le florentin aux fruits, le *szivárvany* (« arc-en-ciel ») à la crème de coco, l'*iván* parfumé à la vodka...

Bortársaság

I, Lánchíd utca 5 (H8)
Sikló (funiculaire), tram 19 ou 41, arrêt Clark Ádám tér
☎ 06 1 225 1702
www.bortarsasag.hu
Lun.-ven. 10h-21h, sam. 10h-19h.

En matière de dive bouteille, ce caviste tient très bien la route : il propose à des prix raisonnables une anthologie de la viticulture hongroise. Les connaisseurs y retrouveront leurs chouchous (Thummerer, Vincze, Gere, Weninger...). Mais le cabernet de *Gere & Weninger* à 7 370 Ft est réjouissant et les fillettes d'eau-de-vie de prune ou abricot à 800 Ft, une bonne idée cadeau ! Dégustation tous les samedis.

Mise en bouche

Un bon truc pour glaner des saveurs inédites : la **Wamp** ! Il s'agit d'une foire qui, un jour par mois, réunit des producteurs de la région, triés sur le volet pour la qualité et le design de leurs articles. Vous y croiserez les étonnants sirops de Balázs Kulcsár, les chocolats raffinés de Tibor Szántó, les rares miels de sureau Brunner, les fromages de Zsuzsanna Nagy. Bref : profitez-en ! Ils n'ont pas encore de point de vente à Budapest...

Millénaris : Kis Rókus utca 16-20 (B3)
Tram 4 ou 6, arrêt Széna tér ou Erzsébet tér – M° Deák F. tér
Lieu et date de la prochaine foire sur www.wamp.hu

Idées cadeaux

Sortez des classiques : en matière de cadeaux, il n'y a pas que l'eau-de-vie, le salami du pays et le paprika ! Une fois votre valise bourrée de pèlerines de berger, de porcelaine fine et de vieux disques de compositeurs hongrois, il vous restera encore de quoi acheter ici quelques objets pratiques, décoratifs ou farfelus, mais toujours… originaux.

Insitu

VII, Múzeum körút 7 (C4)
M° Astoria
☎ 06 1 266 3080
www.insitu.hu
Lun.-ven. 10h-19h, sam. 10h-15h.

Vous aimeriez quelque chose de… contemporain ? Visez le design ! Dans cette arrière-cour du boulevard Múzeum se cache une boutique qui s'est donné pour slogan *Buy design !* De l'horloge en vinyl (6 000 Ft) à la Trabant miniature vert granny, en passant par les tee-shirts à motifs *matyó*, elle a sélectionné plein de trouvailles pas chères qui sortent des sentiers battus.

Nos coups de cœur ? La gamme de carnets de notes rigolos en bakélite ou « floppy disk » et les sacoches Balkán Tango en chambres à air de vélo !

Memories of Hungary

V, Hercegprímás utca 8 (I7)
M° Deák F. tér ou Bajcsy-Zsilinszky út
☎ 01 780 5844
www.memoriesofhungary.hu
T. l. j. 10h-22h.

De prime abord, l'accumulation de souvenirs magyars a de quoi donner le tournis, mais si l'on prend le temps de détailler, c'est un vrai filon ! Nous, on a flashé sur les petits coussins imprimés indigo (2 800 Ft) et les masques en bois du carnaval de Mohács (28 900 Ft), mais il y a aussi le fameux *gömböc,* cet objet tridimensionnel inventé par un mathématicien hongrois en 2007.

Myropolium

XIII, Szent István körút 6 (I6)
M° Nyugati pu.
☎ 06 1 236 0934
www.myropolium.hu
Lun.-ven. 10h-20, sam. 10h-16h.

Des savons 100 % naturels et joliment conditionnés, ça n'est pas hors de prix, ça ne prend pas de place et ça peut faire plaisir ! Vous en dénicherez chez Myropolium : ils ont plusieurs gammes de cosmétiques hongroises dont la série *Manna* fabriquée à Tököl, au sud de Budapest. Comptez 1 250 Ft pour un *szappan* lait de chèvre et gingembre. Existe aussi au tournesol, à l'orange-lavande…

Herbária

V, Vámház körút 4 (C4-5)
Tram 47 ou 49,
arrêt Fővám tér
☎ 06 1 337 3404
www.herbaria.hu
Lun.-ven. 9h-18h, sam. 8h-13h.

Une petite boutique où tous ceux qui refusent de se soigner à coup d'antibiotiques pourront faire le plein de jouvence et d'idées cadeaux bon marché. Ils n'ont plus la crème solaire à la tomate de mamie Ilcsi (*paradicsomos napozó*), dont les naturistes budapestois sont très friands, mais on y trouve toujours le meilleur du règne végétal sous forme d'huiles essentielles, d'élixirs (*Herbbitter svédkeserű*), de cosmétiques naturels et autres préparations aux vertus thérapeutiques, comme les tisanes Herbária (520 Ft).

Népművészeti bolt

V, Régi Posta utca 12 (I8)
M° Vörösmarty tér
☎ 06 1 318 5143
www.folkartkez muveshaz.hu
Lun.-ven. 10h-18h, sam.-dim. 10h-15h.

Et pourquoi ne pas rapporter un peu d'artisanat local ? Après tout, la Hongrie a derrière elle une longue tradition en matière d'art populaire (p. 114-115), et ce magasin a encore en rayon deux ou trois belles idées cadeaux comme les coussins cousus de motifs rouges et noirs sur fond blanc à 17 900 Ft ou la vaisselle noire de la Grande Plaine (*fekete kerámia*) façonnée par les potiers de Nádudvar : c'est sobre, peu commun et du meilleur effet !

Láng Sport

Westend Citycenter
XIII, Váci út 1-3 (I6)
Galerie Niagara tér 5
M° Nyugati pu.
☎ 06 1 238 7473
www.langsport.hu
Lun.-sam. 10h-20h, dim. 10h-18h.

Facile à rapporter, il y a aussi les fortifiants allemands, les compléments alimentaires de Californie… que l'on ne trouve pas encore en France. La Hongrie compte de plus en plus d'émules de la nutrition high-tech et du bodybuilding qui font leurs courses chez Láng comme d'autres vont recharger leur batterie au garage. Pour 6 260 Ft, vous aurez un bidon de 90 capsules spéciales « locomotives ». À consommer avec modération !

Le jouet du siècle

Le professeur Ernő Rubik, membre de l'Académie des arts appliqués de Budapest, ne s'est pas contenté d'inventer le jouet le plus diabolique du XXe s. : après son Rubik's Cube, il a aussi commis d'autres casse-tête, histoire de mettre à l'épreuve notre sens de l'espace tridimensionnel.
Vous trouverez ses dernières créations, toutes plus cérébrales les unes que les autres, aux côtés des jeux d'échecs et de la version hongroise du Monopoly, chez **Gondolkodó logikai játékok.**

II, Fény utca 10 (B3)
☎ 06 1 316 4082
Lun. 12h-18h, mar.-ven. 10h-18h, sam. 10h-13h.

Vins et eaux-de-vie

Certains gourmets ne jurent que par les rieslings du lac Balaton aux arômes d'amande amère et de réséda, d'autres par le nectar ambré des pressoirs de Tokaj qui faisait les délices du tsar Pierre le Grand. Voici, pour vous aider à vous y retrouver, quelques-uns des meilleurs cépages d'un terroir qui, mine de rien, est le quinzième producteur mondial de vin.

Tokaj

Fleuron des vins hongrois, le *tokaj* est produit au nord-est du pays, sur les versants du **massif de Zemplén,** près de la ville de Tokaj. Quatre cépages blancs (*furmint*, *hárslevelű*, oremus et muscat de Lunel) se partagent les 5 800 ha de cette région qui doit sa renommée à un phénomène particulier : en automne, les brumes matinales favorisent l'apparition du *Botrytis cinerea*, un petit champignon qui pénètre la peau des raisins, diminue leur acidité et augmente leur teneur en sucre. Traditionnellement, les vignerons attendent la fin octobre pour vendanger. Les grains recouverts de cette « pourriture noble » sont cueillis et pressés à part. Leur moût est ensuite ajouté à un vin blanc, issu de grains sains, pour produire le *tokaji aszú*, qui sera commercialisé en bouteilles de 0,5 l. Sur l'étiquette figure le nombre de hottes (*puttony*) de raisins qui sont ajoutées au vin de base. Plus le nombre est élevé, meilleur est le breuvage. Stocké debout, il se boit à 10 °C, de préférence avec un foie gras, un fromage bleu ou un dessert. Les millésimes phares sont 1937, 1972, 1975, 1993, 1999, 2000, 2002 et 2005, et les meilleurs producteurs : Pajzos, Megyer, Marta Wille Baumkauf, István Szepsy... Il existe deux autres types de *tokaj*, vendus dans des bouteilles de 0,7 l : l'*eszencia*, mûri quinze ans en fût, et le *szamorodni*, issu de grappes indifféremment saines ou « pourries ».

Transdanubie

Moins médiatiques que le *tokaj*, les nombreux vins

de la Hongrie occidentale conviennent à merveille aux plats riches et relevés : les rouges généreux de la **région de Szekszárd** (pour le chevreuil et la perdrix), le *soproni kékfrankos* (sanglier), le *móri ezerjó* (porc), le *juhfark* (lièvre). Les poissons du lac Balaton, eux, appellent plutôt un *olaszrizling* ou le trop rare *kéknyelű* de **Badacsony** (« tige bleue »).

Un mélange charpenté

La **région d'Eger,** au nord-est de Budapest, produit d'excellents vins blancs, légers et acides, élevés dans l'argile et le limon, au pied des **massifs de Mátra et Bükk,** qui se marient agréablement avec les hors-d'œuvre, la truite fumée (le riesling sec de Gyöngyös, par exemple) ou

les desserts, en particulier le *hárslevelű* (« feuille de tilleul »), légèrement sucré, et le *leányka* (« demoiselle »), aux arômes de miel. Mais le vin le plus connu est un rouge : il s'agit de l'*egri bikavér* ou « sang de taureau », un mélange charpenté, issu de plusieurs cépages (cabernet, merlot...), qui aurait donné, si l'on en croit la légende, des forces surnaturelles aux hommes d'Eger lors du siège de 1552. On le boit surtout avec les plats de gibier et les rôtis à la broche. Les plus prisés sont ceux de Tamás Pók, Tibor Gál et Vilmos Thummerer.

Unicum

L'Unicum, lui, est une vraie potion magique, préparée à partir de racines et de plantes puis mûrie, six mois durant, en fût de chêne. Originellement, elle était d'ailleurs prescrite comme « fortifiant » par son inventeur, le Dr Zwack, médecin à la Cour en 1790. La mixture, il est vrai, aiguise l'appétit et facilite la digestion. Distillée depuis 1840 par les **Zwack** (voir p. 41), qui n'ont toujours pas révélé le secret de leur recette familiale, elle se boit dans un verre à cognac, à température ambiante. On peut lui préférer des eaux-de-vie moins « sirop amer », titrant 43°, comme la *barackpálinka* de Kecskemét – un alcool d'abricot très parfumé auquel sont ajoutés des noyaux d'abricots moulus –, la *szilvapálinka* de Szatmár, une eau-de-vie de quetsches vieillie en fût de mûrier, ou encore la *cseresznyepálinka* (kirsch)...

Dégustations

Vous avez raté le **festival de la *pálinka*** qui se déroule en mai (voir p. 4) au Városháza Park ? Pas de panique : un bistrot de Pest – **Rézangyal pálinkapince** – en propose toute l'année ! L'occasion de goûter à ces breuvages qu'au XVIIe s. les franciscains avaient coutume de distiller à des fins strictement... médicinales, bien sûr ! Ce caveau a en réserve de jolies fioles, plus ou moins alcoolisées, à la prune, abricot ou griotte, signées Gyulai, Márton és Lányai, Szemtelen...

Szent István körút 22 (I6) – M° Nyugati pu.
Mobile ☎ 06 20 598 0477 – T. l. j. dès 11h.

Trésors d'art populaire

Dans ce pays qui fut longtemps rural et pauvre, la pratique à domicile d'une activité artisanale, en complément des maigres revenus de la terre, était très répandue jusqu'au début du XXe s. Cet art populaire connaît de nos jours un regain d'intérêt auprès des collectionneurs mais aussi de quelques créateurs qui renouent avec ses techniques et son riche répertoire décoratif.

Pichets à vin…

En 1890, la Hongrie comptait plus de 5 300 ateliers de poterie. On y façonnait, à la main et au tour, des bols un peu ventrus, des jarres mais aussi, depuis le milieu du XIXe s., des pichets à vin (*miska*), dont le col affecte la forme d'une tête de soldat. Les pièces les plus recherchées par les amateurs sont les **plats des faïenciers *haban*** (« anabaptistes ») et les **poteries noires,** cuites, selon un procédé turc, dans un four dont on bouchait les ouvertures afin que la fumée pénètre bien l'argile. Si la plupart des centres traditionnels bâclent aujourd'hui leur production, tel Hódmezővásárhely, certains artisans s'appliquent à créer des céramiques de belle qualité.

… et coffres à tulipes

Tabourets, bancs à dossier, berceaux, armoires d'encoignure

(*téka*) dans lesquelles on rangeait les livres de prières mais aussi les herbes médicinales et l'eau-de-vie… La plupart de ces objets en sapin qui constituaient jadis le mobilier des maisons paysannes étaient ornés de petites entailles ou peints avec amour de cœurs, d'œillets, de roses et surtout de tulipes. Après la Première Guerre mondiale, ce motif qui avait fini par couvrir tous les coffres du pays fut délaissé au profit d'une ornementation plus sobre. Seuls les **menuisiers du pays Matyó,** au nord-est de Pest, ont continué d'égayer leurs meubles de fleurs et d'entrelacs. On peut encore en dénicher

sur les marchés artisanaux ou dans des boutiques comme **Holló Műhely** (voir p. 100).

Parures de pâtres

Si le **Néprajzi Múzeum** (musée ethnographique de Pest, voir p. 27 et 53) conserve aussi, à côté du mobilier peint, une précieuse collection de 500 vêtements en peau, c'est que l'art du pelletier était considéré autrefois comme le métier hongrois par excellence. Et que les bergers et cochers de la *puszta* (« steppe ») avaient un grand souci de leur garde-robe. Depuis longtemps, les tailleurs confectionnaient à leur intention de solides pardessus en laine imperméable (*szűr*), des houppelandes (*suba*) et des vestes bordées d'astrakan noir (*ködmön*) qui se portaient jetées sur les épaules. Mais au début du XIXe s., une sorte de fièvre s'empara de la Grande Plaine : les pelletiers se mirent à décorer tous ces vêtements de lanières de cuir de couleur et de motifs brodés sur peau de chamois, représentant des roses, des œillets, des plumes... La mode fut telle que, vers 1880, un jeune homme n'aurait jamais pu rendre visite à l'élue de son cœur sans porter l'un de ces *szűr* ornés !

Travaux d'aiguille

Mais la pelisse des pâtres n'avait pas le monopole de l'ornement : beaucoup de paysannes exécutaient de minutieuses broderies pour décorer corsages, coiffes, tabliers et linge de maison. Certes, elles ne connaissaient qu'un éventail réduit de points, mais elles savaient

composer, de mémoire ou d'après un carton, de superbes ouvrages. Dans le **pays Matyó,** où cet artisanat est encore florissant, les brodeuses apportaient chaque année quelques innovations à leurs dessins, de sorte qu'un œil exercé pouvait deviner l'âge d'un homme à la seule vue des motifs de ses manches de chemise. Ces virtuosités, on l'aura compris, ont peu de choses en commun avec les napperons criards et industriels dont se repaissent la plupart des boutiques de souvenirs de la capitale : ici, seuls deux ou trois magasins vendent encore, parfois, d'authentiques broderies *matyó* et *kalocsa*.

Tissus indigo

Même si elles ne sont plus teintes, comme autrefois, dans des cuves d'indigo naturel, les **nappes et autres cotonnades** que l'on trouve à Szentendre (chez **Kovács,** Bogdányi utca 36, Szentendre ; ☎ 06 26 314 388, t. l. j. 10h-18h) ou dans la région de Pápa ont conservé leurs charmants motifs sur fond bleu et résistent bien au lavage à condition de n'utiliser aucune lessive, de ne pas les laisser tremper et de les repasser, encore humides, au fer tiède.

Céramique et porcelaine

On aurait tort de croire qu'en Hongrie les arts du feu se résument aux seules figurines passablement kitsch qui encombrent les vitrines des rues les plus touristiques de la capitale : Budapest affiche, sur ses murs et ses toitures, de superbes majoliques Art nouveau, tour à tour lumineuses et satinées, et dans ses galeries les plus trendy, les travaux de céramistes de talent (Teréz Borza, Zsuzsanna Tihanyi…) grâce auxquels la porcelaine a encore de beaux jours devant elle.

Premiers pas

Tout a commencé sous le règne de Mathias Ier Corvin (1458-1490), qui avait établi, au château de Buda, des ateliers où l'on fabriquait de jolies **faïences émaillées** (majoliques) à l'italienne. L'occupation turque mit un frein à cette industrie prometteuse : il fallut attendre le XVIIIe s. et l'arrivée de potiers anabaptistes originaires de Suisse et des Pays-Bas pour que les crédences des châteaux se parent de cruches à motifs floraux. Les premières manufactures virent le jour après 1740 : il y eut **Holics,** qui produisait des pièces bleu lavande et des grès vernissés ; **Tata,** qui affectionnait les escargots en relief, les assiettes en feuille de vigne et les

soupières en forme de chou ; **Hollóháza,** reconnaissable à ses fleurs vertes sur fond blanc (en vente chez **Haas & Czjzek,** voir p. 101, ou chez **Hollóháza :** VII, Dohány utca 1/c – C4, M° Astoria ; mobile ☎ 06 20 592 5676 ; lun.-ven. 9h-17h, sam. 9h-13h) ; et, enfin, **Herend** et **Zsolnay,** dont la réputation a depuis longtemps dépassé les frontières du pays.

Herend

Cette manufacture, fondée en 1826, s'est d'abord employée à copier les porcelaines de Vienne, Meissen et Sèvres pour répondre aux besoins des familles qui souhaitaient remplacer les pièces ébréchées de leurs vieux services. Puis, le renom aidant, elle se mit à créer ses propres motifs et à exécuter de délicates imitations de porcelaines chinoises. C'est durant cet âge d'or (1851-1876) qu'elle produisit des scènes de genre à la Watteau, des paysages du lac Balaton, de hauts vases verts ou bleu cobalt et, bien sûr, le fameux service à papillons et fleurs de la reine Victoria, qui fait toujours partie du catalogue sous le nom de « Queen Victoria ». En 1876, la concurrence des porcelainiers

tchèques et de la Wiener Manufaktur obligea la fabrique, menacée de faillite, à opter pour une production de masse aux décors plus « bateau » – fleurs dorées, scènes de chasse… – et à développer à partir de 1920 une gamme de figurines dont certaines font la joie de quelques collectionneurs. Herend, qui figure encore en bonne place sur les listes de cadeaux de mariage et sur les buffets des ménages *middle class*, a été rachetée à l'État par ses employés.

Zsolnay

Zsolnay – prononcez « jolnaï » – est restée jusqu'au début du

XXe s. l'une des meilleures manufactures d'Europe centrale, grâce à son directeur, Vilmos Zsolnay (1828-1900), qui était parvenu à mettre au point d'habiles procédés, dont celui de la **céramique de pyrogranite** : à peine lancé sur le marché, ce matériau très résistant, à l'épreuve du gel, fut utilisé pour habiller les façades de la capitale hongroise, comme en témoignent l'**Iparművészeti Múzeum** (musée des Arts décoratifs, voir p. 39), avec ses motifs bouton d'or sur fond blanc, et l'**institut de Géologie** (voir p. 65), égayé d'un savant dégradé de bleus.

Éosine

Les architectes, avec lesquels Vilmos Zsolnay travaillait en étroite collaboration, utilisaient aussi de l'éosine pour décorer les intérieurs de compositions d'autant plus chatoyantes qu'elles étaient émaillées d'une glaçure irisée. Vilmos, inventeur de ce procédé, l'avait baptisé d'après Éos, déesse grecque de l'aurore. Si la vaisselle proposée aujourd'hui par les détaillants de Pest est plutôt tape-à-l'œil, on trouve encore, chez les antiquaires, quelques-uns de ces vases aux reflets soyeux qui firent la renommée de Zsolnay.

Herend, la boutique

Vous avez un faible pour les petites feuilles vertes sur fond blanc ? Voici une débauche de théières, de soucoupes et de sucriers déclinés dans une trentaine de décors (fleurs des Indes, vieux bouquet de Saxe…) qui balancent entre le criard, le « mamie » et le « mignon-tout-plein ». Optez pour les séries du type Ivy : c'est de bon aloi et bien moins cher que le service 12 personnes à « guirlandes Liechtenstein et cornes d'abondance » qui frise, mine de rien, les six millions de forints.

VI, Andrássy út 16 (C3)
M° Bajcsy-Zsilinszky út
☎ 06 1 374 0006
www.herend.com
Lun.-ven. 10h-18h,
sam. 10h-14h.

Sortir
mode d'emploi

On sort où ?

Les quartiers qui bougent sont la **Ráday utca** (M° Kálvin tér), la **Liszt Ferenc tér** (M° Oktogon) et plus encore le **triangle compris entre les métros Opera, Astoria et Blaha Lujza tér** (C3/D3) : c'est là, au cœur du quartier juif, que se concentrent la plupart des « **bars de ruines** ». La **Zeneakadémia** (Académie de musique, p. 126) et l'**Opéra** (C3) sont desservis par le métro M1. Le **Művészetek Palotája** (palais des Arts, p. 126) est facilement accessible en tram n° 2 depuis les berges de Pest.

On s'informe où ?

L'**hebdo gratuit** *Est* (www.est.hu) recense tous les films, concerts et spectacles mais il n'est pas toujours aisé de décrypter les horaires (h9 = 20h45 ; f9 = 20h30 ; n9 = 20h15). Pour ne pas rater la séance, consultez l'**hebdo anglais** *The Budapest Sun* (www.budapestsun.hu). Pour le **clubbing,** la « bible » est le *Rockstar Magazin* (www.rckstr.hu) avec résumés en anglais. Deux autres listings disponibles dans les **hôtels** et à l'**office du tourisme** : *Budapest Funzine* (www.budapestfunzine.hu) et *Koncert kalendárium* (www.muzsikalendarium.hu).

Réserver un spectacle

• **Sur Internet :** www.jegymester.hu ou www.ticketportal.hu

• **Auprès du bureau de location Ticket Express** (VI, Dalszínház utca 10 – 17, M° Opera, mobile ☎ 06 30 30 30 999, www.eventim.hu, lun.-ven. 10h-18h30) ou du disquaire **Rózsavölgyi és Társa** (V, Szervita tér 5, ☎ 06 1 266 8337, voir p. 23).

• **Pour le jour même :** directement au guichet de la Zeneakadémia (Académie de musique, p. 126), de l'Opéra (p. 29) ou du Művészetek Palotája (palais des Arts, p. 126). Au « MűPa », la billetterie reste ouverte jusqu'au premier entracte.

• **En dernier ressort,** adressez-vous au réceptionniste de votre hôtel.

SE REPÉRER

Nous avons indiqué pour chaque adresse Sortir sa localisation sur le plan général (B2, G8…). Pour un repérage plus facile en préparant votre week-end ou lors de vos balades, nous avons signalé sur le plan par un symbole violet toutes les adresses de ce chapitre. Le numéro en violet signale la page où elles sont décrites.

Notre Top des soirées les plus insolites

Budapest a le sens de la fête et l'art de récupérer les sites les plus insolites pour y donner des soirées déjantées. Seul *dress code* obligatoire : le maillot de bain pour la prochaine Sparty. Pour le reste, vous avez toute latitude.

- **Sparty**
  Városliget et autres sites
  Voir p. 122.
- **Szimpla kert**
  Erzsébetváros – *Voir p. 122.*
- **Kuplung**
  Erzsébetváros – *Voir p. 122.*
- **Corvintetö**
  Erzsébetváros – *Voir p. 123.*

- **Zöld Pardon**
  HP par C5 – *Voir p. 124.*
- **Sziget-Festival**
  HP par C1 – *Voir p. 124.*

Notre Top des lieux où écouter de la musique

- **Akvárium**
  Belváros – *Voir p. 120.*
- **Trafó**
  Au-delà de la place Kálvin
  Voir p. 124.
- **A38 hajó**
  Hors visite – *Voir p. 125.*
- **Zeneakadémia**
  Opera – *Voir p. 126.*
- **Művészetek Palotája (MűPa)**
  Millenium City Center
  Voir p. 126.
- **Fonó**
  Hors visite – *Voir p. 127.*

Sortir pour pas cher

À Budapest, c'est possible ! On trouve encore de bonnes places au **Művészetek Palotája** pour 3 300 Ft (10 €) et à l'**Opéra** pour 4 000 Ft (13 €). Une virée dans une salle obscure ? Le lundi, on ne débourse pas plus de 1 100 Ft (3,60 €) au **Puskin.** On clubbe souvent pour 700 Ft (2,25 €) à bord du **A38 hajó** ou 1 500 Ft (4,90 €) à l'**Akvárium** et on entre à l'œil au **Morrison's Liget** jusqu'à 21h. D'autres pistes pour sortir sans bourse délier ? Traquez le mot *free* sur le calendrier du site du *Rockstar Magazin* **www.rckstr.hu**

Sortir en toute sécurité

Trois règles d'or : ne quittez jamais votre verre des yeux, n'acceptez aucune boisson d'un inconnu et évitez les bars aguicheurs (liste sur ambafrance-hu.org/Clubs-et-restaurants-vigilance) qui pratiquent la facturation abusive : les moins scrupuleux emploient des gros bras pour contraindre les touristes récalcitrants à régler leur note. Si vous êtes victime d'un vol ou d'une escroquerie à l'addition, composez le ☎ 107, le ☎ 112 ou le ☎ 06 1 438 8080.

Bars, musique live, night-clubs

1 - Morrison's Opera
2 - Ötkert
3 - L'Occhio di Stile
4 - Fat Mo's

Belváros
Visite 6 – p. 22

Akvárium (ex-Gödör)

V, Erzsébet tér (I8)
M° Deák F. tér
Mobile ☎ 06 30 860 3368
www.akvariumklub.hu
Lun.-mer. 18h-2h, jeu.-sam. 18h-5h, dim. 16h-2h
Entrée : de 0 à 2 000 Ft.

Pour une ambiance underground, il y a… la « fosse » (*gödör* en hongrois) appelée aujourd'hui Akvárium. Cet ancien parking, ménagé **dans les entrailles de la place Erzsébet,** juste à côté de l'avenue Bajcsy-Zsilinszky, a un succès fou : à la belle saison, tout le monde y descend pour faire la queue au comptoir, revenir s'affaler dans l'herbe un gobelet à la main, ou se remplir les oreilles. Électro, world ou rock, le programme est sur le site Internet.

Jazz Garden

V, Veres Pálné utca 44/a (C4)
M° Kálvin tér
☎ 06 1 266 7364
Mer.-lun. 18h-1h (jusqu'à 2h le sam.).

C'est là, à l'angle du boulevard Vámház, que se produisent tous les soirs à partir de 21h d'excellents **jazz-bands hongrois et internationaux.** Les plats chauds ne sont pas renversants mais l'acoustique est bonne et le décor *ad hoc* : un plafond noir, constellé de brillants, qui réussit à vous faire croire que vous avez échoué dans un jardin à la belle étoile. Cool et… hollywoodien.

Fat Mo's

V, Nyáry Pál utca 11 (C4)
M° Ferenciek tere
☎ 06 1 266 8027
www.fatmo.hu
T. l. j. 17h-4h.

Ça swingue pas mal non plus dans ce club visiblement inspiré par l'Amérique des années 1920 et la prohibition. Pour pouvoir danser sur des **vibrations funky** (mer.-sam.) **ou du jazz de bonne facture** (dim.-mar.), il faut juste se frayer un chemin parmi une haie de golden boys esseulés qui papotent de leurs stock-options ou de leur nouveau coupé sport. Moite, hot et surbondé dès minuit. Cocktails entre 850 et 1 750 Ft.

Capella

V, Belgrád rakpart 23 (C4)
M° Ferenciek tere
Mobile ☎ 06 20 452 6754
www.capellacafe.hu
Mer.-sam. 22h-4h, voire 6h
Entrée : de 500 à 1 000 Ft.

Beaucoup de noctambules vous diront que Capella est à Budapest ce que le robot Seb est à la ménagère : un classique ! Il est vrai qu'on se presse au portillon pour voir et revoir les **drag-queens et les *gogo-dancers*** qui font la spécialité de la maison. Pétulant et kitschissime. Entrée gratuite mardi et dimanche.

Du côté du Parlement
Visite 7 – p. 26

Gresham Bar

V, Széchenyi István tér 5-6 (I7-8)
M° Vörösmarty tér
☎ 06 1 268 6000
T. l. j. 11h-1h.

Vous aimez les **cadres élégants et les ambiances glamour ?** Optez pour le bar du Gresham Palace, édifié par Zsigmond Quittner en 1906 dans le style Sécession ! Magnifiquement restauré, tout s'y passe dans le meilleur des mondes possibles. La spécialité ? Le Gresham Puszta, un cocktail à base de *tokaj* et d'eau-de-vie d'abricot. Mais vous pourrez aussi y tester la potion magique de Zwack (p. 41 et 113) ou le *furmint 2011* d'István Szepsy (4 500 Ft le verre).

Ötkert

V, Zrínyi utca 4 (I7)
M° Vörösmarty tér
Mobile ☎ 06 70 330 8652
www.otkert.hu
Lun.-mar. 11h-minuit,
mer. 11h-2h, jeu.-sam. 11h-5h
Entrée : 2 000 Ft (gratuit pour les filles).

Ne le manquez pas ! C'est un **bar très central,** avec courette en plein air, qui pratique des tarifs raisonnables (450 Ft la Budweiser, 880 Ft le verre d'Unicum) et cultive le mélange des genres : **hip-hop, motown, jazz, disco des années 1980…** Clientèle jeune, urbaine, LGBT et branchouille.

Opera
Visite 8 – p. 28

L'Occhio di Stile

VI, Andrássy út 19 (I7)
M° Opera
☎ 06 1 211 1100
www.ilbaciodistile.com
Mar.-mer. 12h-minuit, jeu.-sam. 12h-2h, dim. 12h-18h.

Un petit tour d'ascenseur et vous voici transporté au dernier étage du *department store* que l'homme d'affaires György Gattyán, 3e fortune de Hongrie, a ouvert en 2014 sur la plus prestigieuse avenue de Pest. À l'arrivée, un bar agréable, élégant, pas trop bling-bling, avec des canapés bas et une **superbe vue sur les toits du quartier.** Ici, le verre de *tokaj* tourne autour de 1 500 Ft, tout comme le cocktail sans alcool au gingembre Jacob.

Dzsungel & Crazy

VI, Jókai utca 30 (I6)
M° Nyugati pu.
☎ 06 1 302 4003
www.dzsungelcafe.hu
T. l. j. 12h-1h.

Dans ce **café populaire,** où l'on s'entasse avant d'aller s'éclater sur les pistes de danse, vous aurez le choix entre une salle décorée de 150 portraits d'acteurs et de sportifs hongrois, une brousse en carton-pâte avec lianes, faux bambous et pseudo-serpents, **50 cocktails, 100 sortes de bières, du karaoké et de la music live** à partir de 21h.

Morrison's Opera

VI, Révay utca 25 (I7)
M° Opera
☎ 06 1 269 4060
www.morrisons.hu
Mer.-sam. 17h-4h.

Vous aimez pousser la chansonnette devant des inconnus ? Direction le Morrison's, juste en face de l'hôtel K+K !

On s'y égosille sur des tubes internationaux et des mélos sirupeux hongrois. Bières pression à 650 Ft, cocktails à 1 200-1 500 Ft (700 Ft entre 19h et 21h).

Remix Dance Club

VI, Teréz körut 55 (I6)
M° Nyugati pu.
Mobile ☎ 06 20 7760 760
www.retrodisco.hu
Ven.-sam. 21h30-5h
Entrée : de 0 à 1 500 Ft.

Ce dance-floor de 1 000 m², aménagé dans un ancien entrepôt de marchandises de la gare de l'Ouest est le squat idéal pour vous déhancher et boire de la bière tchèque sur des rythmes vrombissants et effrénés. Les vigiles bodybuildés sont assez impressionnants, eux aussi, mais rien ne vous empêche d'apporter des boules Quiès et des verres fumés pour limiter le stress. Entrée : 1 000 Ft le vendredi, 1 500 Ft le samedi.

Anker't

VI, Paulay Ede utca 33 (C3)
M° Opera
Mobile ☎ 06 30 360 3389
www.ankert.hu
Dim.-mer. 16h-2h, jeu.-sam. 16h-4h, fermé les j. de pluie.

Ce « bar de ruines », dont l'enseigne discrète se résume à une simple lettre A entre deux traits verticaux, squatte un immeuble abandonné depuis plus de vingt ans, bien qu'il ait été édifié en 1830 par l'un des plus grands architectes néoclassiques hongrois, Mihály Pollack. Moins bondé et plus minimaliste que le Szimpla, Anker't attire une faune de jeunes hipsters, surtout les soirs où un DJ y déverse de la soul. Comptez 690 Ft pour un thé glacé maison à la vanille-mangue et 1 620 Ft le verre de malt japonais.

Sparty

Il arrive que les bains **Rudas** (p. 62), **Széchenyi** (p. 33) et **Lukács** (p. 20) se transforment en boîtes de nuit aquatiques de 22h30 à 3h avec musique techno ou drum & bass, effets visuels, projections de clips... On appelle ça une « sparty ». Les prochains rendez-vous sont sur www.cinetrip.hu et www.szecska.hu
Entrée : env. 6 000 Ft.
À vos maillots !

Erzsébetváros
Visite 11 – p. 36

Dobló

VII, Dob utca 20 (C4)
M° Astoria
Mobile ☎ 06 20 398 8863
www.budapestwine.com
Lun.-ven. 14h-2h, sam. 17h-3h, dim. 17h-1h.

David Popovits a réussi à faire de cette belle salle tout en briques le meilleur bar à vins du quartier. On peut y siroter à toute heure un merlot de Vilmos Thummerer 2008 à 900 Ft le verre devant une assiette de charcuterie et fromages. Pour accompagner ces agapes ? De la musique live. Il existe, à l'intention des œnophiles, différents types de dégustations. Si vous venez à quatre, essayez la formule « les 7 meilleurs *tokaj* » (24 500 Ft, 2 h).

Szimpla kert

VII, Kazinczy utca 14 (C4)
M° Astoria
Mobile ☎ 06 20 261 8669
www.szimpla.hu
T. l. j. 12h-4h.

Des lampions, une déco aléatoire, des tuyauteries apparentes... De prime abord, on pense à un squat, mais le Szimpla est un vrai bar en plein air, qui a ouvert ses portes en 2001 et qui doit son succès à deux ou trois ingrédients très... simples : il n'a rien de prétentieux, les prix sont dérisoires (550 Ft la pinte de Soproni) et c'est un bastion de la culture alternative. Programme de ses projections de courts métrages et de ses expos photos sur le site Internet. Ça vaut le détour !

Kuplung

VI, Király utca 46 (C3)
M° Opera
Mobile ☎ 06 30 755 3527
Lun.-mer. 15h-3h, jeu. 15h-4h, ven. 15h-5h, sam. 16h-5h, dim. 18h-3h.

Lorsqu'une poignée d'artistes transforme un ancien garage automobile en bar, ça donne

1 - Dobló
2 - Dobló
3 - Doboz

le Kuplung (« embrayage ») : un rade improvisé avec des lampions rigolos en forme de méduse, des tags, des chaises de jardin, un flipper dans un coin et un barman qui n'hésite pas à goûter votre cocktail ou votre soda à la pomme verte (330 Ft) avant de vous le tendre. Déjanté le samedi soir. Clientèle d'étudiants et d'expats. En général, demi-tarif le lundi.

Kisüzem

VII, Kis Diófa utca 2 (C4)
M° Astoria
Mobile ☎ 06 70 235 4023
Dim.-mer. 12h-2h,
jeu.sam. 22h-5h.

Un bar convivial et pas prétentieux pour un sou, pas très grand et donc vite bondé, surtout les soirs de concerts (en général, le jeudi 20h30-22h ainsi que le dimanche où les musiciens – Márton Fenyvesi, András Dés... – accompagnent des projections de films muets. Entrée libre (dons plus que bienvenus !).

Fogas kert

VII, Akácfa utca 49 (D4)
Tram 4 ou 6, arrêt Wesselényi utca
☎ 06 1 783 8820
www.fogashaz.hu
T. l. j. 16h-4h.

On y boit beaucoup de bière à 650 Ft le demi-litre, on y mate des matchs sur grand écran... : pas de doute, le dernier-né dans la galaxie « bars de ruines » applique à peu de choses près la même recette que les autres mais il n'est pas (encore) très connu des touristes. Le petit plus ? Des projections de films underground et des expos alternatives au 1er étage.

Doboz

VII, Klauzál utca 10 (D4)
M° Blaha Lujza tér
Mobile ☎ 06 20 449 4801
www.doboz.pm
Mar.-mer. 17h-2h,
jeu.-sam. 17h-5h.

Un immeuble abandonné, une cour intérieure, un arbre au milieu... : à priori, le Doboz – « boîte » en v. f. – a tous les ingrédients d'un « bar de ruines » sauf que ça n'en est pas un ! Ses deux pistes de danse et ses DJ attirent une clientèle jeune, plus flashy qu'underground ! Sur la carte du grill-bar : des burgers, de la tequila (820 Ft les 4 dl) et une limonade maison (650 Ft le demi-litre de *dobozoládé* au sureau, raisin et lime).

Corvintetö

VIII, Blaha Lujza tér 1-2 (D4)
Accès par l'escalier ou l'ascenseur situé côté est (Somogyi Béla utca)
M° Blaha L. tér
Mobile ☎ 06 20 772 2983
www.corvinteto.hu
Mar.-sam. 20h-6h
Entrée : de 300 à 3 000 Ft ; cartes bancaires non acceptées.

Non, vous n'êtes pas dans un épisode de *Prison Break* saison 3 mais dans un grand magasin des années 1920, le Corvin áruház, qui a été relooké en 1966 par István Batka et dont le **toit** a été **« aménagé » en bar** (on y accède par un ascenseur). Le staff est presque aussi patibulaire que la déco mais la vue est imprenable et la musique décoiffe ! Consos à partir de 650 Ft.

Au-delà de la place Kálvin
Visite 12 – p. 38

Púder

IX, Ráday utca 8 (C4)
M° Kálvin tér
☎ 06 1 210 7168
www.puderbar.hu
Dim.-jeu. 12h-1h,
ven.-sam. 12h-2h.

Bertalan Babos dit Zsili est connu, à Budapest, pour ses talents de *romkocsma-festője* (« peintre en bars de ruines »). C'est à lui que l'on doit la déco du Púder, largement inspirée de la **scène alternative :** tuyauterie apparente, graffs, suspensions de toutes sortes… À la clé : une carte des vins super longue, des petits plats originaux (1 400 Ft le fromage grillé sur son lit de salade aux tomates séchées) et, parfois, des performances théâtrales.

Trafó

IX, Liliom utca 41 (D5)
M° Corvin-negyed
☎ 06 1 215 1600
ou ☎ 06 1 456 2040
www.trafo.hu
Lun.-ven. 10h-23h30,
sam.-dim. 16h-22h30
Billetterie : t. l. j. 16h-20h
(22h les soirs de spectacle)
Spectacles à partir de 20h.

Si vous en avez assez des sempiternelles soirées disco, essayez Trafó, une ancienne usine électrique dans laquelle se succèdent toutes sortes de **shows novateurs et originaux :** musiques expérimentales, multimédias, danse contemporaine, chorégraphies d'Attila Kun, modern jazz, courts métrages, théâtre alternatif… C'est éclectique à mort, difficile à classer (quelque part entre le postpunk et le cyber ?) mais toujours très rythmé.

If Café

IX, Ráday utca 19 (C5)
M° Kálvin tér
☎ 06 1 299 0694
www.ifkavezo.hu
T. l. j. 10h-minuit.

Zenés kávéház, « café musical » : c'est ainsi que l'on peut définir ce bar jeune et décontracté qui n'a rien à envier aux autres pubs de la rue Ráday. **Saxo ou flamenco, piano ou bouzouki,** la programmation est toujours originale et attire, dès 19h30, une faune d'habitués. Cocktails entre 1 000 et 1 400 Ft.

Margitsziget
Visite 14 – p. 42

Holdudvar

XIII, Margitsziget (C2)
Bus 26 au départ de Nyugati pu.
☎ 06 1 236 0155
www.holdudvar.net
Dim.-mar. 11h-minuit, mer. 11h-2h, jeu.-sam. 11h-4h.

Aux beaux jours, l'ancien casino situé à l'extrémité sud de l'île Marguerite se transforme en club avec **piste de danse, guinguette et projections de matchs** sur grand écran. Côté nourriture, ce n'est pas folichon mais l'ambiance est bonne. Il y a de la limonade à la pastèque (600 Ft les 3 dl), de la *pálinka* de cerise noire (890 Ft) et un cocktail Zombie au rhum blanc (2 490 Ft) !

Hors visite

Jónás Kézműves Sörház

IX, Fővám tér 11-12 (C5)
M° Fővám tér
Mobile ☎ 06 70 930 1392
www.balnabudapest.hu
T. l. j. 9h-23h (jusqu'à 2h ven.-sam.)

Vous voyez le long bâtiment qui ondule comme une baleine derrière les Halles ? C'est A Bálna (la Baleine), une galerie marchande toute neuve qui n'a pas encore trouvé sa vitesse de croisière, à l'exception notoire de Jónás, le **bar à bières artisanales** situé dans la gueule de la baleine. Bon, après, les avis sont partagés : il y en a qui préfèrent la Márton Pils (750 Ft le bock) à la Sötet Bunkó, mais tout le monde est d'accord sur un point : le panorama !

Zöld Pardon

XI, Neumann János utca 2
(HP par C5)
Tram 4 ou 6, arrêt Petőfi híd, budai hídfő puis navette ZP jusqu'au pont Rákóczi
☎ 06 1 279 1880
www.zp.hu
D'avr. à sept., lun.-sam. 11h-6h, dim. 11h-19h30.

Pour finir une journée d'été en beauté, il y a aussi la **guinguette informelle, simple mais très conviviale,** située dans le quartier de la fac, au pied du pont Rákóczi (ex-Lágymányosi híd). Beaucoup de jeunes, d'étudiants et d'intellos s'y retrouvent à l'heure de l'apéro ou d'un dernier bock sous la voûte étoilée, le temps d'un concert improvisé. Rafraîchissant…

Sziget-Festival

III, Óbudai-sziget
(HP par C1)
HÉV : Filatorigát
www.szigetfestival.hu
1re ou 2e semaine d'août.

D'Iron Maiden aux Sex Pistols en passant par Másfél (funk-rock) ou Besh o drom (tzigane),

1 - A38 hajó
2 - A38 hajó
3 - Zöld Pardon
4 - A Bálna (Jónás Kézműves Sörház)

il n'y a pas à dire : avec ses **600 concerts non-stop,** le festival Sziget (p. 5), ça déchire ! Le prix du billet ? En 2014, 50 € (15 000 Ft) la journée (en vente sur place) ou 199 € (59 000 Ft) le pass « 5 jours » sans camping (en prévente à Paris, dans les FNAC).

A38 hajó

XI, au pied du pont Petőfi, côté Buda (C5)
Tram 4 ou 6, arrêt Petőfi híd, budai hídfő
☎ 06 1 464 3940
www.a38.hu
T. l. j. 11h-4h
Entrée : de 1 000 à 3 000 Ft.

L'A38 est un **cargo ukrainien,** conçu à l'origine pour transporter des gravats. Aujourd'hui, il a le bon goût de brasser *music, food & drink*. Pour que les soirées d'été se suivent et ne se ressemblent pas, on programme, sur le pont supérieur, du jazz le mardi, de la samba le mercredi, du reggae le jeudi, de la world le vendredi, des rythmes latinos le samedi et de la chill-out le dimanche. La salle de concerts, elle, se trouve à 50 cm sous le niveau du Danube…

Dokkbeach

III, Hajógyári sziget 123 (HP par C1)
HÉV : Árpád híd
Mobile ☎ 06 30 247 3345
www.dokkbeach.hu
De mi-mai à fin sept. : ven.-sam. 22h-5h.

Envie de sortir des sentiers battus ? Essayez le **complexe de night-clubs aménagé dans un ancien dock de l'île d'Óbuda !** Même s'il est excentré, il réussit chaque week-end à distraire les Pestois avec des happenings différents. Il y a le Dokkclub, le Bedbeach, le Dokkoló – sur une péniche – et le Dokkbeach, connu pour ses soirées torrides R'n'B avec les meilleurs DJ du moment. Entrée : 1 000 Ft.

Morrison's Liget

X, Népliget út 2 (E5)
M° Népliget
Mobile ☎ 06 70 527 5272
www.morrisonsliget.hu
Jeu.-sam. 19h-5h.

C'est, depuis 2011, LE dance-floor de Pest et l'un des plus « cool » du moment. Les spécialités de la maison ? **La house, le disco et le R'n'B** servis par des DJ à succès comme Attila Várkonyi alias DJ Dominique qui n'hésite pas à se lancer dans des scratches enflammés. Entrée gratuite jusqu'à 21h. *Happy hour* de 19h à 21h (bières à 300 Ft, cocktails à 700 Ft).

Classique, cinéma

1 - Budai Vigadó
2 - Bábszínház (p. 97)
3 - Művészetek Palotája

CLASSIQUE

Belváros
Visite 6 – p. 22

Pesti Vigadó

V, Vigadó tér 2 (I8)
M° Vörösmarty tér
www.vigado.hu

La « Redoute de Pest » est un **bel édifice de style néo-romantique (1864), tout juste restauré,** où l'on donne des concerts (2e étage). Si vous préférez l'opérette, allez écouter *La Veuve joyeuse* de Lehár ou la *Princesse Csárdás* de Kálmán au Belvárosi színház, près de la station de métro Astoria (Károly körut 3/a (C4), M° Astoria, ☎ 06 1 266 7130, www.belvarosiszinhaz.hu).

Opera
Visite 8 – p. 28

Zeneakadémia

VI, Liszt Ferenc tér 8 (C3)
M° Oktogon
☎ 06 1 462 4600
www.zeneakademia.hu
Concerts à 19h30
Billetterie : lun.-ven. 11h-18h ; billets : de 1 200 à 10 000 Ft.

L'Académie Franz-Liszt (1907) offre **le meilleur du symphonique et de l'orchestre de chambre** dans un cadre magique, tapissé de marbres et de céramiques. Si les sièges ne sont pas très confortables, l'acoustique est excellente. Pour les fans de Haydn, Fauré, Bartók et Ligeti.

Erkel Színház

VIII, II. János Pál pápa tér 30 (D4)
M° II. János Pál pápa tér
☎ 06 1 814 7571
Billetterie : mar.-sam. 11h-17h (et soirs de représentation)
Billets : de 500 à 3 600 Ft.

Ici, pas de mosaïques ni de bois doré – rien qu'un bloc de béton des années 1910, campé au milieu d'un quartier sans charme particulier. Et pourtant, de *Rigoletto* à *La Forza del destino* en passant par *Bánk Bán* d'Erkel, **ses opéras devraient réjouir les oreilles les plus averties.** 2 000 places.

Operaház

VI, Andrássy út 22 (I7)
M° Opera
☎ 06 1 332 7914 ou 353 0170
www.opera.hu
Billetterie : lun.-sam. de 11h (dim. et j. f. de 16h) au début de la représentation
Billets : de 800 à 19 800 Ft.

Vous aimez **l'art lyrique et le ballet ?** Osez l'Opéra de Budapest (voir p. 29 et 55) ! Les billets y sont moins chers qu'à Vienne et les prestations tout aussi magistrales. Les musts de la saison dernière ? *La Femme sans ombre* de Strauss et *Così fan tutte* de Mozart.

Millennium City Center
Visite 13 – p. 40

Művészetek Palotája

IX, Komor Marcell utca 1 (HP par D5)

Tram 2, arrêt Millenniumi Kulturális Központ
☎ 06 1 555 3301
www.mupa.hu
Billetterie : t. l. j. 10h-18h (et soirs de représentation)
Billets : de 5 100 à 15 000 Ft.

Inauguré en 2005, le palais des Arts (voir p. 41) présente **le meilleur de l'art contemporain, de la danse et de la musique.** Les connaisseurs disent que l'on y entend même les *pianissimi* les plus ténus ! À l'affiche : Gilbert Varga et l'Orchestre philharmonique national hongrois ainsi que les spectacles programmés par le Nemzeti Táncszínház (p. 11).

FOLKLORIQUE

Várnegyed
Visite 2 – p. 12

Budai Vigadó

I, Corvin tér 8 (H7)
M° Batthyány tér
☎ 06 1 225 6056
Billetterie : lun.-jeu. 12h-18h, ven. 10h-14h et 3h avant les représentations ; billets : de 3 000 à 7 000 Ft.

La « Redoute de Buda » est un peu la vitrine officielle de la **danse traditionnelle :** s'y produit, entre autres, le Magyar Állami Népi Együttes – « Ensemble national folklorique hongrois » –, qui donne un bon aperçu d'un répertoire aussi pittoresque que... virevoltant.

Hors visite

Marczibányi Téri Művelődési Központ

II, Marczibányi tér 5/a (A2-3)
M° Astoria
☎ 06 1 212 2820
www.marczi.hu (taper « Guzsalyas » dans la fenêtre de recherche « keresés » pour avoir les dates des prochaines soirées)
Billet : 1 000 Ft.

Moins chères et plus conviviales, les soirées *táncház* renouent depuis les années 1970 avec la pratique du folk en associant **danseurs confirmés, solistes transylvains ou orchestres tziganes,** tandis que des papis encore très alertes transmettent aux jeunes citadins le secret des danses de bergers et de fiançailles.

Fonó

XI, Sztregova utca 3 (HP par B5)
Tram 18, 41 ou 47, arrêt Kalotaszeg utca
☎ 06 1 206 5300
www.fono.hu
Concerts à partir de 20h
Billet : 1 000 Ft.

Fan de world music ? À l'affiche de cette salle, aménagée dans une usine désaffectée, des **mélodies traditionnelles du bassin des Carpates** et des groupes, comme Dresch Quartet ou le compositeur Zoltán Krulik, qui allient folk et sonorités contemporaines. Un voyage déroutant et ensorcelant.

THÉÂTRE

Belváros
Visite 6 – p. 22

Katona József színház

V, Petőfi Sándor utca 6 (I8)
M° Ferenciek tere
☎ 06 1 266 5200
www.katonajozsef szinhaz.hu
Billetterie : lun.-ven. 11h-19h, sam.-dim. 16h-19h
Billets : de 1 000 à 2 900 Ft.

Au répertoire de ce théâtre réputé, des classiques, des spectacles alternatifs et des créations d'Árpád Schilling, qui est, avec Béla Pintér, le plus talentueux des **metteurs en scène hongrois.** Les acteurs sont si expressifs qu'on a presque l'impression de comprendre le magyar !

CINÉMA

Belváros
Visite 6 – p. 22

Puskin

V, Kossuth Lajos utca 18 (I8)
M° Astoria
☎ 06 1 459 5050
www.puskinmozi.hu
Billets : 1 400 Ft (1 100 Ft les lun.).
Moins exotique que l'Uránia (VIII, Rákóczi út 21 – C4, M° Blaha L. tér), le Puskin (1926) séduit par le **décor désuet de son foyer et par ses films en v. o.,** comme *Diplomatie* ou *Supercondriaque.* Attention : les places sont numérotées. Sachez que *bal oldal* signifie « côté gauche », *jobb oldal* « côté droit », *közép* « centre », *sor* « rang » et *erkély* « balcon ».

Au-delà de la place Kálvin
Visite 12 – p. 38

Corvin

VIII, Corvin köz 1 (D5)
M° Corvin-negyed
☎ 06 1 459 5050
www.corvinmozi.hu
Billets : 1 490 Ft (1 050 Ft le mer. soir).
Avec ses huit salles, ses murs ornés de vieilles affiches et ses films *feliratos* (« en v. o. sous-titrée »), le Corvin est **une excellente alternative aux multiplex** des centres commerciaux. On y donne parfois, en été, des **films hongrois sous-titrés en anglais :** l'occasion de découvrir les nouveaux talents (Nimród Antal ou Kornél Mundruczó), et les piliers du cinéma magyar, comme István Szabó, réalisateur de *Mephisto.*

Folklore ou avant-garde ?

On ne peut évoquer la Hongrie sans penser à la musique – aux musiques, devrait-on dire – car à côté de celle, trépidante ou langoureuse, des orchestres tziganes, il y a les marches épiques des romantiques et les sublimes mélodies paysannes qui ont inspiré tant de compositeurs et interprètes, de Béla Bartók à Márta Sebestyén.

La *népzene*

Lorsque les musicologues ont commencé à battre la campagne, à la fin du XIXe s., pour recueillir la *magyar népzene*, la « musique populaire hongroise », ils ont découvert d'étonnantes incantations plus ou moins chamaniques, de rugueuses complaintes qui remontaient à la nuit des temps, des milliers de chants venus tout droit des steppes de l'Oural – tout un patrimoine que les paysans magyars avaient su perpétuer à travers les âges au son de rustiques violons et de « chalumeaux turcs » (*töröksíp*), tandis que la noblesse du pays cultivait plutôt l'opéra italien, la symphonie allemande et...

Le XIXe siècle

... la musique tzigane (voir encadré), qui a peu de choses à voir avec le répertoire populaire hongrois. Elle a pourtant inspiré de nombreux compositeurs classiques. On pense à l'Allemand Brahms, au Français Berlioz et au Hongrois **Franz Liszt,** qui fonda en 1873 la **Zeneakadémia** (Académie de musique, voir p. 126) et à qui la critique a longtemps reproché de

préférer la *cigányzene* à la musique hongroise ! Même l'œuvre héroïco-romantique de Ferenc Erkel, à qui l'on doit l'hymne national ainsi que le fameux opéra *Bánk bán* (1861), se colore d'une certaine fièvre tzigane.

Bartók et Kodály

Ils font partie des « folkloristes » qui se sont intéressés de près aux chants millénaires de l'Europe centrale. Mais le génial **Béla Bartók** (1881-1945) ne s'est pas contenté de les collecter et de les transcrire avant qu'ils ne s'étiolent : il s'est nourri de ces traditions pour créer une œuvre résolument contemporaine qui le place aux côtés des musiciens phares du XXe s. Figurent au nombre de ses pièces maîtresses *Le Château de Barbe-Bleue*, les six quatuors à cordes, les deux sonates pour piano et violon. De son côté, **Zoltán Kodály** (1882-1967) a publié l'intégrale de la musique populaire hongroise et écrit, entre autres morceaux, *Les Danses de Galánta* qui lui ont valu une réputation internationale. Il a aussi marqué de son empreinte le conservatoire de Budapest qui a formé quelques-uns des meilleurs représentants de la nouvelle génération (Ligeti, Kurtág, Eötvös…).

Promenades musicales

• Liszt
L'auteur des *Rhapsodies hongroises* passait les mois d'hiver au n° 35 de la Vörösmarty utca (D3, M° Vörösmarty utca, ☎ 06 1 322 9804, www.lisztmuseum.hu, lun.-ven. 10h-18h, sam. 9h-17h), dans un appartement cossu, aujourd'hui transformé en musée, avec salle de concerts attenante. Portraits du maître, de sa fille Cosima von Bülow, et beau piano Chickering de 1867.

• Bartók
Avant d'émigrer aux États-Unis, Béla résidait dans cette petite villa des collines de Buda. Souvenirs, collection d'objets d'art populaire, concerts (II, Csalán út 29 – HP par A1, tram 61 arrêt Zuhatag sor, ☎ 06 1 394 2100, www.bartokmuseum.hu, mar.-dim. 10h-17h, 16h en hiver ; entrée : 1 200 Ft).

• Kodály
L'appartement où le brillant pédagogue vécut de 1924 à 1967 a été conservé en l'état, au n° 1 du Kodály körönd (accès par le 87 Andrássy út – D3, M° Kodály körönd, ☎ 06 1 352 7106, www.kodaly.hu, mer.-ven. 10h-12h et 14h-16h30). Partitions, archives sonores.

• Zenetörténeti Múzeum
(musée de l'Histoire de la musique, voir p. 14). Logé au rez-de-chaussée du palais des Erdődy (I, Táncsics Mihály utca 7 – G7, ☎ 06 1 214 6770, www.zti.hu, mar.-dim. 10h-16h ; entrée : 600 Ft), ce musée fort intéressant conserve trois siècles d'instruments de musique. Certains d'entre eux – le gardon à quatre cordes, par exemple – ont été collectés par Aladár Rácz (1886-1958), descendant d'une illustre famille de virtuoses tziganes et professeur de cymbalum au Conservatoire national.

La *cigányzene*

Les châtelains aimaient inviter, à l'heure des divertissements, des instrumentistes rom ou sinti qui improvisaient avec fougue sur des mélodies très ornementées, inspirées du vrai folklore tzigane et des danses de recrutement (*verbunkos*). Les plus virtuoses jouissaient d'un grand prestige, tels **János Bihari** surnommé « le Beethoven tzigane » ou **Pista Dankó.**
À partir du milieu du XIXe s., c'est dans les cafés et les restaurants que les orchestres tziganes ont continué d'enflammer les esprits par leur jeu d'archet tour à tour lancinant et endiablé. **Kálmán Balogh, The Gypsy Cimbalom Band** et **Száztagú Cigányzenekar** comptent aujourd'hui parmi les groupes les plus réputés.

Carnet pratique

Sur les cartes du chapitre Visiter, ces symboles signalent les adresses: 000 Où manger — 000 Shopping — 000 Sortir

Ils donnent le numéro de la page où vous pourrez lire la description détaillée de chaque établissement.

Quand partir ?

La meilleure période pour passer un grand week-end à Budapest ? Les demi-saisons et, si vous ne craignez pas le froid, les mois de décembre et janvier : sous la neige, les bains Széchenyi (p. 33) sont vraiment magiques, même si la nuit tombe tôt (entre 15h30 et 16h30). Si vous êtes sensible aux pollens, évitez juillet et août. Le climat étant continental, les étés sont chauds – jusqu'à 30 °C – et parfois orageux. Bulletin météo sur **www.met.hu**

Pour y aller

EN AVION

Les compagnies aériennes

• **Air France** assure 3 vols/j. au départ de Paris-CDG à destination de Budapest. Durée : 2h10. Il existe aussi, le mar. et le jeu., une liaison directe Lyon/Budapest avec un départ de Lyon à 10h55 et un départ de Budapest à 13h45. Les tarifs varient beaucoup en fonction des disponibilités. Les offres les plus avantageuses – 86 € l'aller au tarif minimum – sont soumises à des conditions particulières (les billets ne sont ni modifiables ni remboursables).

☎ 36 54 – www.airfrance.com

Bureau à Budapest

VIII, Rákóczi út 1-3 (C4)
East West Business Center (3e étage)
☎ 06 1 483 8800
Lun.-ven. 9h-17h.

Comptoir Air France

À l'aéroport Liszt Ferenc 2A.

• **EasyJet et Ryanair.** Les prix pratiqués par easyJet au départ de Paris-CDG et par Ryanair au départ de Beauvais sont très attractifs (à partir de 38 € l'aller simple sur easyJet ; 26 € sur Ryanair), mais pour en bénéficier, il faut réserver sa place plusieurs mois à l'avance sur les sites respectifs de ces compagnies.

www.easyjet.com – www.ryanair.com

SE RENSEIGNER AVANT DE PARTIR

• **Tourisme en Hongrie** : www.hongrietourisme.com
• **Tourisme à Budapest** : www.budapestinfo.hu
• **Ambassade de Hongrie**
5 bis, square de l'avenue Foch, 75116 Paris
☎ 01 45 00 94 97– www.mfa.gov.hu/kulkepviselet/FR/fr
• **Institut hongrois**
92, rue Bonaparte, 75006 Paris
☎ 01 43 26 06 44 – www.instituthongrois.fr

- Pour réserver un vol, un hôtel, une voiture : ☎ 0899 500 500 (1,35 €, puis 0,34 €/min).
- Pour une question sur votre commande : rubrique « Contact » ou ☎ 0970 60 99 60 (numéro non surtaxé).

Dormir à Budapest

QUEL QUARTIER CHOISIR ?

Le meilleur pied-à-terre, pour arpenter Budapest et profiter de vos soirées, reste le **cœur de Pest** (Belváros, Erzsébetváros, de l'Opéra à Kálvin tér – C3-4). Vous y trouverez quelques adresses abordables : des **hôtels de chaîne internationale** (Ibis Centrum, Ibis City, Mercure Museum…), des **boutique-hôtels** moins impersonnels (Carat au n° 6 de la Király utca ; Cosmo City au n° 77 de la Váci utca) et une poignée de modestes **guesthouses** qui pratiquent des prix intéressants : c'est le cas de l'**Unity Hostel** (p. 139) et de l'**Aventura** aux appartements rétro (VI, Bajcsy-Zsilinszky köz 3 – I8, M° Arany János utca, ☎ 06 1 239 0782, www.aventurapartment.com, 38-56 €).

CLASSIFICATION

Officiellement, il existe **cinq catégories d'hôtels** (*szálloda*) et **trois catégories de pensions** (*panzió*) que l'on distingue par des étoiles. Dans la pratique, on dénombre surtout, au cœur de Budapest, des **hôtels de grand standing.**

RÉSERVATION

Prenez contact avec l'établissement de votre choix – les réceptionnistes parlent l'anglais – ou passez par les services de **Tourinform** (V, Sütő utca 2 – I8, M° Deák F. tér, ☎ 06 1 438 8080, www.budapestinfo.hu), qui joue le rôle de bureau central de réservation hôtelière. Dans tous les cas : réservez le plus tôt possible. Si vous n'êtes pas sûr(e) de vos dates, évitez les promos trop alléchantes : elles sont souvent soumises à conditions. Dans les Mercure, par exemple, la réservation d'une chambre prépayée à 41 €/nuit n'est ni modifiable ni remboursable.

TARIFS

Les hôtels affichent leurs **tarifs en forint et en euro.** Assurez-vous qu'ils sont nets (*nettó árak reggelivel*) : en ce cas, ils comprennent la TVA, le petit déjeuner et la taxe de séjour. Ils varient en fonction du taux de remplissage, mais aussi de la saison. Il existe **3 saisons** : l'*előszezon* (janv.-mars), la *főszezon* (avr.-sept.) et l'*utószezon* (oct.-déc.). Les

PENSEZ-Y

FORMALITÉS

Les ressortissants des pays membres de l'Union européenne et de la Confédération helvétique, y compris les mineurs de moins de 16 ans, doivent être en possession d'une carte d'identité valide ou d'un passeport valide. Pour les citoyens des autres pays, un visa peut être exigé. En cas de doute, renseignez-vous auprès du **consulat de Hongrie** à Paris : ☎ 01 56 81 02 30.

DOUANE

Bien que la Hongrie soit membre de l'UE, les quantités de tabac et d'alcool que vous pouvez introduire ou rapporter de Hongrie sans acquitter de droits de douane sont soumises à des restrictions provisoires en raison de la différence de prix : 1 cartouche de cigarettes, 100 cigarillos, 50 cigares, 250 g de tabac, 1 l de spiritueux (à plus de 22° d'alcool), 2 l de spiritueux titrant moins de 22°, 4 l de vin, 16 l de bière. Si la bouteille n'indique pas son origine (une eau-de-vie familiale par exemple), son importation est interdite. Par ailleurs, vous êtes tenu(e) de déclarer à votre arrivée en Hongrie ou à votre retour en France les sommes d'un montant égal ou supérieur à 10 000 € (ou leur équivalent en devises). Pour tout renseignement complémentaire : **www.douane.gouv.fr**

SANTÉ

Vous suivez un traitement ? Songez à emporter suffisamment de médicaments : il n'est pas sûr que vous retrouviez les mêmes à Budapest ! Pensez aussi, avant de partir, à demander à votre Caisse d'assurance maladie la Carte européenne : en cas d'urgence, vous pourrez recevoir durant votre séjour en Hongrie une aide médicale gratuite (ou remboursable à votre retour).

prix sont majorés pendant la période des fêtes de fin d'année et à l'occasion du Grand Prix de Formule 1 (juil. ou août). Comptez 90 €/nuit pour une chambre double standard dans un hôtel 3 étoiles, petit déjeuner inclus.

Retrouvez notre sélection d'adresses p. 138-139.

BONS PLANS INTERNET

Les **offres spéciales** sont fréquentes sur Internet : certains hôtels branchés, où les doubles frisent normalement les 130 €, affichent, en juin, jusqu'à 50 % de réduction sur un séjour en novembre. C'est le cas du **palazzo Zichy** (p. 39). Pour bénéficier du meilleur tarif, consultez d'abord le site de l'hôtel choisi, faites une simulation sur son « calendrier des prix » puis comparez avec les sites suivants :

www.budapesthotelreservation.hu
www.trivago.fr
www.hotels.com
www.booking.com

Se déplacer

DE L'AÉROPORT AU CENTRE-VILLE

L'aéroport (*repülőtér*) de Budapest, connu sous le nom de **Liszt Ferenc** ou **Ferihegy,** est situé à 20 km au sud-est de la capitale. Les vols en provenance de l'espace Schengen atterrissent au terminal 2A, les autres au terminal 2B.

En minibus

L'**airport shuttle minibusz** (ASM) assure, t. l. j. 6h-minuit, un transfert « porte à porte ». Pour 6 900 Ft, il dépose le passager – ou passe le prendre – à l'hôtel de son choix (tarif aller-retour : 13 800 Ft). Le ticket s'achète dans le hall des arrivées, au comptoir ASM. Il faut parfois attendre un peu que le minibus se remplisse, mais il vous est possible de réserver 24h à l'avance.

ASM : ☎ 06 1 296 8555 – www.airportshuttle.hu

En taxi

Optez pour la compagnie **Főtaxi** : elle a la réputation d'être fiable et ses véhicules sont tous équipés d'un compteur. Prix de la course entre l'aéroport et le centre de Pest : entre 6 500 et 8 500 Ft. Durée du trajet : env. 30 min, si le trafic est fluide.

Főtaxi : ☎ 06 1 222 222 – www.fotaxi.hu

En bus et en métro

Autre solution, bien moins chère et plus exotique : le **bus municipal BKK** n° 200E ou « *Reptér* » (gratuit pour les détenteurs de la Budapest Card, voir p. 136). Il relie en 24 min, de 4h15 à 22h50, l'aéroport à la **station de métro Kőbánya-Kispest,** terminus sud de la ligne bleue M3 qui dessert le centre de Pest (Deák F. tér est à 10 stations – 15 min – de Kőbánya-Kispest). Les tickets – un pour le bus (350 Ft) et un pour le métro (350 Ft) – s'achètent dans le hall des arrivées de l'aéroport, au kiosque à journaux, ou au distributeur situé juste à la sortie. Ils se compostent.

SUR PLACE

Lire la carte

La carte vous paraîtra tout de suite plus claire lorsque vous saurez que *utca* signifie « rue » ; *tér*, « place » ; *út*, « avenue » ; *körút*, « boulevard » ; *híd* « pont » ; *rakpart*, « quai » et *pu.* (abréviation de *pályaudvar*), « gare ».

Le métro

Le réseau est constitué de **quatre lignes** qui circulent de 4h30 à 23h30. Les trois premières se croisent à Deák F. tér. La plus ancienne, la **M1 jaune** relie la pâtisserie Gerbeaud (visite 6) à l'Opéra (visite 8) et aux bains Széchenyi (visite 10) ; la **M2 rouge** dessert le Parlement (visite 7) et le pied nord-ouest du quartier du Château (visite 2). La **M3 bleue** vous sera utile pour gagner le Westend (p. 103) ou Kálvin tér (p. 38) et vous rapprocher de l'aéroport. La très récente **M4 verte** fait la navette entre les bains Gellért (visite 3) et le théâtre Erkel (p. 126).

Les trams et trolleys

Il y a **33 lignes de tram** (*villamos*) et **15 lignes de trolley.** Les plus « panoramiques » sont les **n°s 19 et 41** qui longent le Danube entre Batthyány tér et le Gellért. La **n° 2** relie le quartier des antiquaires (p. 104) au Művészetek Palotája (palais des Arts, p. 41 et 126) en passant par le Néprajzi Múzeum (musée ethnographique, p. 27), la Vigadó (p. 126) et les Halles centrales (p. 22). Les **tram 4 et 6,** très commodes, passent au pied de la colline aux Roses (visite 5), au bout sud de l'île Marguerite (visite 14) et s'arrêtent à deux pas du café New York (p. 87). Attention : aux heures de pointe, les trams 4 et 6 sont le terrain de jeu favori des pickpockets.

Le bus

Trois numéros à retenir, parmi les **224 lignes de bus** : la **n° 16,** qui assure la liaison entre Deák F. tér (I8) et le quartier du Château en passant par le tunnel ; le **minibus n° 16A** (*Várbusz*) qui grimpe à l'assaut de la colline du Château au départ de Széll Kálmán tér (B3). Et le **bus n° 26,** qui relie la gare de l'Ouest (Nyugati pu.) à la station de métro Árpád híd et dessert, chemin faisant, les principaux sites de l'île Marguerite (visite 14).

Les titres de transport

Métros, bus, trams et trolleys sont gratuits pour les moins de six ans et les citoyens de l'Union européenne âgés de plus de soixante-cinq ans (qui doivent juste présenter leur carte d'identité en cas de contrôle). Les tickets peuvent s'acheter chez les **buralistes,** aux **distributeurs automatiques** ou aux **guichets** (*pénztár*) **de la BKK** – la régie des transports urbains de la capitale – qui délivrent aussi les forfaits. Ne voyagez pas sans et n'oubliez pas de les composter : les contrôleurs, reconnaissables

À VELO

Budapest, il y a quelques années encore, se prêtait mal aux joies du vélo : il fallait zigzaguer entre rails de tram et gaz d'échappement. Les choses ont bien changé : la culture du vélo est en plein essor. C'est presque devenu un mode de vie !

EN LIBRE SERVICE

Depuis 2014, la régie des transports budapestois (BKK) met à la disposition des citadins et visiteurs plus d'un millier de vélos. Ils sont verts anis, gratuits les trente premières minutes, et répondent au nom de **Bubi.** Pour pouvoir emprunter un Bubi, il faut acheter un **ticket Mol Bubi** de courte durée (24h, 72h ou 7 j.) sur l'écran tactile de la borne (il y a 76 stations Bubi) ou sur **www.bkk.hu/bubi.** Une caution de 25 000 Ft est alors bloquée sur votre compte bancaire. Elle sera recréditée 2 à 7 j. après utilisation, déduite du montant de la location (500 Ft pour 1h, 2 500 Ft pour 3h, etc.).

Service clientèle : BKK
VII, Rumbach Sebestyén utca 19-21 (C4) – M° Deák F. tér
☎ 06 1 325 5255.

À LOUER

Vous préférez une bicyclette moins voyante ou un VTT pour rallier Szentendre par la piste aménagée le long du Danube ? Deux loueurs de Pest proposent tandem, citybike, country road, vélo avec panier, etc.

• **Bikebase,** près de la gare de l'Ouest.
VI, Podmaniczky utca 19 (I6)
☎ 06 1 269 59 83 – www.bikebase.hu
T. l. j. 9h-19h
Tarifs : 2 000 Ft pour 6h, 7 200 Ft pour 3 j.

• **Yellow Zebra Bikes,** près de l'Opéra.
VI, Lázár utca 16 (I7)
☎ 06 1 269 3843 – www.yellowzebrabudapest.com
T. l. j. 9h-19h (jusqu'à 20h30 d'avril à oct.)
Tarifs : 10 à 14 €/j. selon le modèle. Caution : 40 à 60 €.

• **Dans l'île Marguerite**
Des stands, situés aux pointes sud et nord de l'île, louent des vélos et toutes sortes de cycles exotiques (voiturettes pour enfants). Ici, on laisse sa carte d'identité en guise de caution.
Sétacikli : à la pointe sud de l'île (C2) et à proximité de la Víztorony (C1).
Mobile ☎ 06 30 966 6453 – www.setacikli.hu

à leur brassard rouge, sont très zélés (amende : 16 000 Ft). Un petit plan du réseau est disponible dans les principaux guichets de la BKK.

• **Vonaljegy :** billet à l'unité (350 Ft ; 450 Ft s'il est acheté à bord) valable 1 h, sans interruption de parcours, dans les limites de l'agglomération. Changement de métro autorisé. Se composte une seule fois.

• **Átszállójegy :** billet à l'unité (530 Ft) valable 1h30 pour 1 trajet avec changement de moyen de transport : métro + tram, etc. Se composte dans le métro puis dans le tram.

• **Gjűjtőjegy :** carnet (3 000 Ft) de 10 billets à l'unité.

• **Budapest 24 órás jegy :** forfait (1 650 Ft) pour une personne, donnant un accès illimité pendant 24 h à tous les transports publics de l'agglomération (y compris les bateaux D11, D12 et D13, lun.-ven). Existe aussi en version « 72h » (**Budapest 72 órás jegy,** 4 150 Ft) et « 7 jours » (**Budapest-hetijegy,** 4 950 Ft).

JOURS FÉRIÉS

• **Újév** (Nouvel An) : 1er janvier
• **Nemzeti ünnep** (fête nationale, en souvenir du soulèvement de 1848) : 15 mars
• **Húsvétvasárnap** (dimanche de Pâques) : autour du 20 avril
• **Húsvéthétfő** (lundi de Pâques) : autour du 21 avril
• **Munka ünnepe** (fête du Travail) : 1er mai
• **Pünkösdvasárnap** (dimanche de Pentecôte) : autour du 8 juin
• **Pünkösdhétfő** (lundi de Pentecôte) : autour du 9 juin
• **Államalapító Szent István ünnepe** (fête de la Constitution et du roi saint Étienne) : 20 août
• **Nemzeti ünnep** (fête de la République, jour anniversaire de l'insurrection de 1956) : 23 octobre
• **Mindenszentek** (Toussaint) : 1er novembre
• **Karácsony** (Noël) : 25 décembre
• **Karácsony másnapja** (lendemain de Noël) : 26 décembre.

Service clientèle
BKK, VII, Rumbach Sebestyén utca 19-21 (C4) – M° Deák F. tér
☎ 06 1 258 4636 – www.bkk.hu – Lun.-jeu. 9h-17h (jusqu'à 19h le mer.), ven. 9h-15h.

Objets perdus dans les transports publics
VII, Akácfa utca 18 (D4) – M° Blaha Lujza tér – ☎ 06 1 258 4636.

Le funiculaire

Les billets du métro ne sont pas valables à bord du **Sikló,** le funiculaire du Château qui circule toutes les 5-10 min, mar.-dim. 7h30-22h, entre Clark Adám tér et Sándor palota (H8). Tarif : 1 100 Ft (650 Ft pour les 3-14 ans).

Le taxi

Ne choisissez que les taxis clairement identifiables, comme **Főtaxi.** Équipés d'un taximètre, ils se plient aux tarifs en vigueur : 450 Ft de prise en charge, 280 Ft le km (560 Ft hors Budapest), 70 Ft la min d'attente.
Főtaxi : ☎ 06 1 222 2222 – www.fotaxi.hu

À pied

Le Palais royal (voir p. 10) et le quartier du Château (p. 12) se visitent à pied, de même que le cœur de Pest (p. 22), mais comme il est peu étendu, vous devriez réussir à voir l'essentiel en un grand week-end, sans vous presser.

À voir, à faire

OFFICE DU TOURISME

Tourinform
V, Sütő utca 2 (I8)
M° Deák F. tér
☎ 06 1 438 8080 – www.budapestinfo.hu
T. l. j. 8h-20h.

AVERTISSEMENT

La Hongrie étant toujours en pleine ébullition, **les prix indiqués dans ce guide sont susceptibles de changer à tout moment.** D'après les experts en économie, il faut s'attendre à une inflation annuelle de 6 % environ.

Antenne à l'aéroport Liszt Ferenc
T. l. j. 8h-23h (terminal 2A) ou 10h-22h (terminal 2B).

Antenne à Szentendre
Dumtsa Jenő utca 22 – ☎ 06 26 317 965 – www.szentendre.hu
Vous y trouverez le **programme des manifestations culturelles,** des **plans** et **mini-guides** de la ville (gratuits en hongrois, payants en d'autres langues). Assure aussi la vente de la **Budapest Card** (p. 136) et la réservation d'hôtel.

VISITES GUIDÉES

Pour les voyageurs individuels, il existe mille et une façons d'explorer Budapest. À commencer par la plus touristique, le *Hop On-Hop Off* !

En bus

• Program Centrum
Erzsébet tér 9-11 (I8), hôtel Méridien
☎ 06 1 317 7767 ou mobile ☎ 06 20 944 9091 – www.programcentrum.hu
Le tour *Hop On-Hop Off* permet, pendant 2 j., de monter et de descendre à volonté du bus. Il y a trois itinéraires : la **green route** en 2h30 (Opéra, bains Széchenyi, New York Café, synagogue, Château, Gellért), la **pink route** en 1h (Clark Adám tér, île Marguerite, Parlement, Halles centrales) et le **night tour** en 2h. Tarifs : de 3 000 à 7 000 Ft selon le parcours. Départ de l'Érzsébet tér (green route, night tour) ou de la Clark Adám tér (pink route).

En bateau

• Legenda
Embarcadère : Vigadó tér (I8), ponton n° 7, près de l'hôtel Marriott
☎ 06 1 266 4190 ou 06 1 317 2203 –www.legenda.hu
Propose plusieurs formules pour découvrir Budapest au fil de l'eau. **Duna Bella** (durée : 1h30 ; tarif : 3 900 Ft) et **Danube Legend** (durée : 1h ; tarif : 5 500 Ft) sont terriblement touristiques avec son et lumière, musique tzigane et commentaires en 30 langues. Mais le **Gyertya-Fényes vacsorás hajó** est presque romantique : de mai à août, le bateau largue les amarres à 19h45 pour une croisière avec dîner aux chandelles à bord (16 900 Ft).

• Mahart
Embarcadère : Vigadó tér (I8) – ☎ 06 1 484 4013 – www.mahart.info
Organise du 29 avr. au 28 sept., t. l. j. sauf lun., des excursions à Szentendre (p. 44). Départ de Vigadó tér à 10h et de Szentendre à 17h (2 000 Ft l'aller, 2 500 Ft l'aller-retour). En juil.-août, départ supplémentaire t. l. j. sauf lun. à 14h de Vigadó tér, à 19h de Szentendre.

À pied

• Absolute Walking Tours
VI, Lázár utca 16 (I7), derrière l'Opéra – ☎ 06 1 269 3843 – www.absolutetours.com
Propose des balades commentées en anglais, d'une durée de 2 ou 3h, à la découverte d'un **quartier** ou d'un **thème** particulier : les vins hongrois (avec

SE BALADER DANS LES ENVIRONS

• POUR ALLER À SZENTENDRE (VISITE 15) :
À la station Batthyány tér (M2 – H6-7), empruntez le train de banlieue HÉV n° 5 qui a pour terminus Szentendre ; trajet : 46 min ; prix : 1 320 Ft l'aller-retour (620 Ft avec la Budapest Card).
Horaires : www.bkk.hu/apps/menetrend/pdf/6400/20121001/1.pdf

• POUR VOUS RENDRE À GÖDÖLLŐ (VISITE 16) :
À la station Örs Vezér tere (terminus M2), empruntez le train de banlieue HÉV n° 8 et descendez à la station Gödöllő Szabadság tér ; trajet : 54 min ; prix : 1 440 Ft l'aller-retour (740 Ft avec la Budapest Card).
Horaires : www.bkk.hu/apps/menetrend/pdf/6100/20140329/b.pdf

dégustation), la mode (« fashion tour », avec visite de boutiques et de l'atelier d'une styliste). Tarif : autour de 9000 Ft.

- **Free Walking Tours**

Mobile ☎ 06 20 340 9217 – www.triptobudapest.hu

Tours gratuits en anglais de 2h30, au départ de Vörösmarty tér (fontaine aux lions – I8). Trois thèmes : le **communist tour** (t. l. j. à 15h30), le **quartier juif** (même horaire), l'**original walk** (t. l. j. à 10h30 et 14h30). Pas de réservation nécessaire. Pourboire plus que bienvenu.

ADRESSES ET NUMÉROS UTILES

Urgences (*segélyhívó*) : ☎ 112
Police (*rendőrség*) : ☎ 107
Pompiers (*tűzoltók*) : ☎ 105
Ambulance (*mentők*) : ☎ 104
Objets trouvés : ☎ 06 1 258 4636 (menu 3)
Pharmacies de service (24h/24) :

- II, Frankel Leó utca 22 (B2) ☎ 06 1 212 4406
- VI, Teréz körut 41 (C3) ☎ 06 1 311 4439

Ambassade de France :
VI, Lendvay utca 27 (D2-3)
☎ 06 1 374 1100
www.ambafrance-hu.org
Lun-ven. 9h-12h30.

MUSÉES

La plupart des musées sont ouverts **du mardi au dimanche,** de 10h à 18h (17h en hiver). Sont **ouverts le lundi** : **Sziklakórház** (p. 15), **Mai Manó Ház** (p. 29), **Kogart ház** (p. 31), la **synagogue de la Dohány utca** (p. 36), le **château de Gödöllő** (p. 46) et le **Szoborpark** (Memento Park, p. 67). Le billet d'entrée varie de 600 Ft (musée d'Histoire de la musique) à 2000 Ft (Maison de la Terreur). L'accès est gratuit pour les moins de 6 ans et les plus de 70 ans, réduit pour les 6-26 ans et les 62-69 ans qui sont citoyens de l'Union européenne. Il peut être gratuit ou réduit pour les détenteurs de la **Budapest Card** (voir ci-dessous).

Le *pass* pour visiter malin

Si vous envisagez de visiter plusieurs musées, procurez-vous la **Budapest Card** ! En vente à l'aéroport, à l'office du tourisme, dans les agences de voyages, les hôtels, les principales stations de métro et en ligne, elle donne un accès gratuit à sept musées, deux tours guidés (Buda et Pest), aux bains thermaux Lukács, permet de bénéficier de tarifs réduits dans vingt musées (10 à 50 %) et sert de billet illimité dans tous les transports publics de Budapest (attention : pour vous rendre à Szentendre ou Gödöllő situés à l'extérieur de Budapest, il vous faudra un « complément de parcours », *kiegészítő hév-menetjegy*).

Budapest Card

Tarif adulte 2014 : 4 500 Ft pour 24h, 7 500 Ft pour 48h, 8 900 Ft les 72h
www.budapestcard.com

PROGRAMME

Quelques pistes pour connaître l'actualité des musées, cinémas et salles de concerts ? Reportez-vous à l'encadré « Expositions temporaires » (p. 5) et à notre rubrique « On s'informe où ? » (p. 118). Pour les galeries d'art, consultez les pages *Art & Museums* (en anglais) du mensuel gratuit *Budapest Where* (disponible dans les hôtels) ou sa version en ligne : www.wheretraveler.com/budapest

Et le budget ?

Même si, chaque mois, le prix de l'essence et des denrées alimentaires augmente sensiblement, Budapest figure encore en assez bonne place au **hit-parade des capitales les moins chères d'Europe.** Une fois payés l'hôtel et le transport (500-700 €), il vous faut compter, pour deux jours, sur un budget de **150 € environ,** à dépenser sur place en transports, restaurants, musées, cafés, etc.

COMMENT PAYER ?

La Hongrie ne fait pas partie de la zone euro. La monnaie hongroise est le **forint** (en abrégé Ft ou HUF). Il existe des billets de 500, 1000, 2000, 5000, 10000 et 20000 Ft,

des pièces de 5, 10, 20, 50, 100 et 200 Ft. Pour connaître le taux de change actuel, consultez la page Internet : **www.xe.com/fr/currency/huf**
Comptez 120 Ft la bouteille d'eau, 500 Ft le cornet de glace chez Levendula, 620 Ft un aller-retour à Szentendre, 760 Ft le thé au gingembre chez Bookcafé, 1 500 Ft le verre de *tokaj* à L'Occhio di Stile, 1 800 Ft l'entrée au musée des Beaux-Arts, 3 520 Ft un déjeuner léger chez Két Szerecsen, 4 100 Ft l'accès aux bains Széchenyi, 7 500 Ft pour une Budapest Card 48h et 9 690 Ft une dégustation de vin et tapas pour deux au Dobló.

En mai 2014, **100 Ft valaient 0,32 €** ; 100 € = 30 769 Ft.

Avant toute transaction dans un bureau de change, assurez-vous du montant exact que vous obtiendrez en forint, frais et commission compris. Le **bureau de change** qui affiche le meilleur taux est l'**agence Vista** située Andrássy út 1 (entrée à l'angle de la Paulay Ede utca – I8, www.vista.hu, lun.-ven. 9h30-18h, sam. 10h-14h30). Vous pouvez aussi retirer des forints à un **distributeur automatique** avec votre carte, à condition toutefois de limiter le nombre de retraits, votre banque prélevant une **commission** sur chaque opération (env. 2,70 % du montant + taxe fixe). Dans tous les cas, ne changez pas vos devises au noir dans la rue : c'est illégal et vous vous retrouveriez avec une liasse de dinars serbes, de lei roumains ou de papier journal…

INFOS TRÈS TRÈS PRATIQUES

ADRESSES

Budapest se compose de **23 arrondissements** (*kerület*). Le **chiffre romain** qui figure **devant** le nom de la voie indique l'arrondissement. Le **chiffre arabe** qui figure **après** est le numéro de l'immeuble. Les différents pas-de-porte d'un même immeuble peuvent avoir le même numéro.

POURBOIRE

Le service n'étant pas toujours inclus, il est d'usage de donner une **gratification** (*borravaló*) **de 10 %.** La tradition, cependant, veut que le client ne laisse pas le pourboire sur la table mais qu'au moment de régler il annonce lui-même au serveur le montant augmenté de 10 % : le serveur lui rendra la monnaie en gardant son *borravaló*.

ÉCRIRE

Les **timbres** (*bélyeg*) sont vendus dans les **tabacs** et les **bureaux de poste.**
Les boîtes aux lettres, rouges, portent l'inscription « **Posta** ». Tarif prioritaire : 295 Ft, pour une carte postale vers la France.

- **Posta**
  VI, Teréz körút 51, près de la gare de l'Ouest (I6)
  M° Nyugati pu.
  Lun.- ven. 7h-20h, sam. 7h-18h.
- **DHL (pour les plis urgents)**
  IX, Fehérakác utca 3 (HP par A5)
  ☎ 06 40 45 45 45 – Lun.-ven. 8h-18h.

TÉLÉPHONER

• Pour appeler la **Hongrie depuis la France,** composez le 00 36 suivi du numéro de votre correspondant sans le 06 initial.
• Pour appeler la **France depuis la Hongrie,** composez le 00 33 suivi du numéro de votre correspondant sans le 0 initial.
• Pour appeler **de Hongrie un fixe à Budapest,** composez le 06 1 suivi des 7 chiffres du numéro de votre correspondant.
• Pour appeler de **Budapest une autre ville de Hongrie,** composez le 06 suivi de l'indicatif de la ville (26 pour Szentendre ; 28 pour Gödöllő…) et du numéro de l'abonné.
• Pour appeler **de Budapest un portable hongrois,** composez le 06 puis l'indicatif de l'opérateur, qui peut être 20 (Telenor), 30 (T-Mobile) ou 70 (Vodafone) et le numéro à 7 chiffres.
Le prix des communications depuis une chambre d'hôtel est fortement majoré. Les grands bavards opteront donc plutôt pour une carte prépayée (*barangoló hívókártya*) à 1 000, 2 000 ou 5 000 Ft disponible dans les boutiques T-Pont (au n° 12 de la Petőfi Sándor utca – I8, par exemple, ou au 1er étage du Westend Citycenter – I6, p. 103).
Renseignements nationaux : ☎ 198.
Renseignements internationaux : ☎ 199.
• Pour envoyer un e-mail : **Opera tabak & net** (VI, Hajós utca 23 – I7, t. l. j. 7h-23h) ou **Copyguru** (VIII, Baross utca 3 – C4, lun.-ven. 8h-21h, sam.-dim. 10h-21h).

HEURE LOCALE

Pas de décalage horaire entre Budapest et Paris !

VOLTAGE

Le courant est le même qu'en France (220 volts) et les prises sont identiques.

1 - Gerlóczy
2 - Zara
3 - Császár

Nos hôtels par quartiers

Officiellement, il existe cinq catégories d'hôtels (*szálloda*) et trois catégories de pensions (*panzió*). Dans la pratique, on dénombre surtout, dans le centre de Budapest, des hôtels de grand standing. Donnés à titre indicatif, les prix annoncés correspondent à une chambre double standard, petit déjeuner compris sauf mention contraire, en basse et haute saisons, sans les taxes de séjour.

Palais royal
Visite 1 – p. 10

Carlton

I, Apor Péter utca 3 (H7)
Bus 16, arrêt Clark Ádám tér
☎ 06 1 224 0999
www.carltonhotel.hu
De 60 à 95 € (-10 % avec pré-paiement).

Au pied des escaliers du Château, 95 ch. moins impersonnelles qu'il n'y paraît.

Gellérthegy
Visite 3 – p. 16

Gellért

I, Szent Gellért tér 1 (C5)
M° Szent Gellért tér
☎ 06 1 889 5500
ou ☎ 06 1 889 5501
www.danubius hotels.com/gellert
De 121 à 194 €.

Un hôtel légendaire. Les doubles sur le versant boisé de la colline sont les meilleures. Accès direct au complexe thermal.

Víziváros
Visite 4 – p. 18

Artotel

I, Bem rakpart 16-19 (H7)
Tram 19 ou 41, arrêt Halász utca
☎ 06 1 487 9487
www.artotel.hu
129 € (petit déjeuner : 14 €).

Ses 165 ch. sont autant de galeries d'art contemporain. Accueil sympathique, service stylé. Des étages, vue plongeante sur le Danube.

Victoria

I, Bem rakpart 11 (H7)
Tram 19 ou 41, arrêt Halász utca
☎ 06 1 457 8080
www.victoria.hu
De 90 à 111 €.

Ingrat de l'extérieur, mais parfaitement équipé. Le dernier étage est le meilleur.

Rózsadomb
Visite 5 – p. 20

Császár

II, Frankel Leó út 35 (B2)
Tram 4 ou 6, arrêt Margit híd puis tram 17, arrêt Kavics utca
☎ 06 1 336 2640
www.csaszarhotel.hu
Ouv. mai-sept.
De 39 à 49 €.

Dans un ancien couvent des années 1850, un hôtel modeste certes, mais directement relié au bassin à 27 °C de la piscine Komjádi.

Belváros
Visite 6 – p. 22

Gerlóczy
V, Gerlóczy utca 1 (I8)
M° Ferenciek tere
☎ 06 1 501 4000
www.gerloczy.hu
90 € (petit déjeuner : 12 €).

19 ch. de charme au cœur de Pest. Une adresse encore peu connue.

Astoria
V, Kossuth Lajos utca 19-21 (C4)
M° Astoria
☎ 06 1 889 6000
www.danubius hotels.com/astoria
105 €.

Cultive un parfum rétro avec son café « viennois » et son restaurant Empire. Personnel un brin taciturne mais courtois. Bruyant côté rue Kossuth et bd Múzeum.

Méridien
V, Erzsébet tér 9-10 (I8)
M° Deák F. tér
☎ 06 1 429 5500
www.lemeridien budapest.com
De 190 à 230 €
(petit déjeuner : 25 €).

Pour un week-end raffiné, un hôtel grand style – tapis d'Orient, bouillonnés de velours, bar néoclassique... – dans un palais de 1913.

Du côté du Parlement
Visite 7 – p. 26

Parlament
V, Kálmán Imre utca 19 (I6)
M° Nyugati pu.
☎ 06 1 374 6000
www.parlament-hotel.hu
de 84 à 144 €.

À un bloc de la Bedö-ház (p. 26), 65 ch. à la déco minimaliste dans un solide immeuble du XIXe s. Le design de l'espace balnéo est assez réussi.

Opera
Visite 8 – p. 28

Medosz
VI, Jókai tér 9 (C3)
M° Oktogon
☎ 06 1 374 3000
www.medoszhotel.hu
De 49 à 79 €.

Fini le look « paradis de la classe ouvrière » : les 70 ch. de l'ancien hôtel du syndicat des agriculteurs ont fait peau neuve ! Sobre mais pas cher.

K+K Opera
VI, Révay utca 24 (I7)
M° Opera
☎ 06 1 269 0222
www.kkhotels.com
De 98 à 246 €.

206 ch. confortables et propres, près de l'Opéra. K+K est une chaîne d'hôtels autrichienne.

Les Champs-Élysées de Pest
Visite 9 – p. 30

Benczúr
VI, Benczúr utca 35 (D3)
M° Bajza utca
☎ 06 1 479 5665
www.hotelbenczur.hu
De 48 à 135 €.

Dans le quartier très calme des ambassades, un hôtel sans charme particulier mais fonctionnel et peu cher hors saison.

Andrássy
VI, Andrássy út 111 (D3)
M° Bajza utca
☎ 06 1 462 2100
www.mamaison.com
De 63 à 111 €
(petit déjeuner : 17 €).

Immeuble de style Bauhaus converti en un 5-étoiles élégamment meublé. Bon restaurant (La Perle noire, ☎ 06 1 555 1545, t. l. j. 12h-22h).

Erzsébetváros
Visite 11 – p. 36

Unity Hostel
VII, Király utca 60 (C3)
M° Oktogon
☎ 06 1 413 7377
www.unityhostel.com
Résa. recommandée
À partir de 36 €.

Près de l'arrêt du tram 4 ou 6, quelques chambres doubles et des dortoirs de 4 ou 8 lits, avec salles de bains au fond du couloir. Vue sur les toits spectaculaire.

Zara
VII, Dohány utca 42-44 (D4)
M° Blaha L. tér
☎ 06 1 815 1000 ou 1070
www.continental hotelbudapest.com
Autour de 122 €.

Un ancien bain thermal (Hungaria fürdő) converti en boutique-hôtel. Propose 272 ch., un beau spa et des prix raisonnables.

Margitsziget
Visite 14 – p. 42

Grand Hotel
XIII, Margitsziget (C1)
Bus 26, arrêt Halastó
☎ 06 1 889 4700 ou 4752
www.danubiushotels.com/ grandhotel
De 103 à 129 €
(petit déjeuner : 15 €).

Au milieu d'une île du Danube, 164 ch. entourées de verdure, reliées par un souterrain chauffé à un complexe thermal.

LES VOYELLES

a = o comme dans « botte »
á = a comme dans « car »
e = è comme dans « père »
é = é comme dans « thé »
í = i long
u = ou comme dans « chou »
ö = eu bref comme dans « feu »
ü = u bref comme dans « lune »
ő = eu long comme dans « meuh ! »
ű = u long comme dans « hue ! »

LES CONSONNES

j et ly = y comme dans « balayer »
g = g comme dans « gaz »
c = ts comme dans « tsé-tsé »
cs = tch comme dans « tchèque »
s = ch comme dans « cheval »
sz = s comme dans « savoir »
zs = j comme dans « jeu »
h = toujours aspiré
gy = di comme dans « adieu »
ny = gn comme dans « champagne »
ty = ti comme dans « tiède »

EXPRESSIONS USUELLES

Au revoir : *viszontlátásra*
Bonjour : *jó napot kívánok*
Bonsoir : *jó estét*
Je ne comprends pas : *nem értem*
Madame : *Hölgyem*
Monsieur : *Uram*
Merci : *köszönöm*
Oui/Non : *igen/nem*
Pardon : *bocsánat*
Parlez-vous français ? : *beszél franciául ?*
S'il vous plaît : *kérem*

ESPACE ET TEMPS

Pouvez-vous me dire où se trouve... ? : *tudja, hol van a... ?*
À droite : *jobbra*
À gauche : *balra*
Tout droit : *egyenesen*
Aujourd'hui : *ma*
Hier : *tegnap*
Demain : *holnap*
Ce matin : *ma reggel*
Ce soir : *ma este*
Lundi : *hétfő*
Mardi : *kedd*
Mercredi : *szerda*
Jeudi : *csütörtök*
Vendredi : *péntek*
Samedi : *szombat*
Dimanche : *vasárnap*
Quelle heure est-il ? : *hány óra van ?*

FAIRE DU SHOPPING

Je voudrais... : *kérek...*
Combien coûte... ? : *mennyibe kerül... ?*
Bas : *harisnya*
Chapeau : *kalap*
Chaussure : *cipő*
Chemise : *ing*
Costume : *öltöny*
Coton : *pamut*
Cravate : *nyakkendő*
Cuir : *bőr*
Gant : *kesztyű*
Grand magasin : *áruház*
Jupe : *szoknya*
Laine : *gyapjú*
Manteau : *kabát*
Pantalon : *nadrág*
Parapluie : *esernyő*
Prix : *ár*
Robe : *ruha*
Soie : *selyem*
Talon : *sarok*
TVA : *Áfa*
Velours : *bársony*
Veste : *zakó*

LES NOMBRES

Zéro : *nulla*
Un : *egy*
Deux : *kettő*
Trois : *három*
Quatre : *négy*
Cinq : *öt*
Six : *hat*
Sept : *hét*
Huit : *nyolc*
Neuf : *kilenc*
Dix : *tíz*
Onze : *tizenegy*
Douze : *tizenkettő*
Vingt : *húsz*
Vingt et un : *huszonegy*
Trente : *harminc*
Quarante : *negyven*
Cinquante : *ötven*
Cent : *száz*
Deux cents : *kétszáz*
Mille : *ezer*

À L'HÔTEL

Auriez-vous une chambre... : *van szobájuk...*
Pour une nuit : *... egy éjszakára ?*
Pour deux personnes : *... két személy részére ?*
Avec salle de bains : *fürdőszobával*
Pouvez-vous me réveiller à ... heures : *lenne szíves felébreszteni reggel... kor ?*
Petit déjeuner : *reggeli*
Clé : *kulcs*

AU RESTAURANT

Abricot : *barack*
L'addition ! : *fizetek !* ou *a számlát kérem*
Assiette : *tányér*
Beurre : *vaj*
Bien cuit : *jól átsült*
Bière : *sör*
Bœuf : *marha*
Bouteille : *üveg*
Café : *kávé*
Cerise : *cseresznye*
Chevreuil : *őz*
Chocolat : *csokoládé*
Couteau : *kés*
Crème fouettée : *tejszínhab*
Cuillère : *kanál*
Eau : *víz*
Fourchette : *villa*
Fraise : *eper*
Fromage : *sajt*
Gâteau : *torta, sütemény*
Hors-d'œuvre : *előétel*
Huile : *olaj*
Jambon : *sonka*
Jus de pomme : *almalé*
Lait : *tej*
Menu : *étlap*
Moutarde : *mustár*
Pain : *kenyér*
Pâtes : *tészta*
Pêche : *őszibarack*
Petit pain : *zsemle*
Poire : *körte*
Poisson : *hal*
Poivre : *bors*
Pomme : *alma*
Pomme de terre : *burgonya*
Porc : *sertés*
Poulet : *csirke*
Raisin : *szőlő*
Riz : *rizs*
Sel : *só*
Sucre : *cukor*
Thé : *tea*
Tomate : *paradicsom*
Veau : *borjú*
Verre : *pohár*
Vin blanc/rouge : *fehér/vörös bor*
Vinaigre : *ecet*

EN VILLE

Aéroport : *repülőtér*
Arrêt : *megálló*
Arrivée : *érkezés*
Bagages : *poggyász*
Billet : *jegy*
Change : *pénzváltás*
Consigne : *megőrző, ruhatár*
Départ : *indulás*
Hôpital : *kórház*
Information : *felvilágosítás* ou *tájékoztatás*
Gare : *pályaudvar*
Médecin : *orvos*
Métro : *metró, földalatti*
Objets trouvés : *talált tárgyak*
Pharmacie : *gyógyszertár, patika*
Parking : *parkoló*
Police : *rendőrség*
Route : *út*
Station-service : *benzinkút*
Train : *vonat*
Terminus : *végállomás*
Tramway : *villamos*

LES PANNEAUX

Bejárat : entrée
Férfi ou *Férfiak* : Messieurs
Foglalt : occupé
Hölgyek : Dames
Húzni : tirer
Kiárúsítas : soldes
Kijárat : sortie
Mosdó : toilettes
Nem működik : en panne
Női ou Nők : Dames
Nyitva : ouvert
Tilos : interdit
Tolni : pousser
Urak : Messieurs
Veszély : danger
Vészkijárat : sortie de secours
Vigyázat ! : attention !
Zárva : fermé

Édition originale établie et mise à jour par **Jean-Philippe Follet.**

Ont également collaboré à cette édition : Tiphaine Delanoë-Diaconu et Laure Méry.

Cartographie : Frédéric Clémençon et Aurélie Huot.

Conception graphique de la couverture et de la maquette intérieure : Thibault Reumaux.

Couverture : Compo Gravure Industries.

Mise en pages intérieure : Compo Gravure Industries.

Contact presse : rmazef@hachette-livre.fr – ☎ 01 43 92 36 66.
Contact publicité : vhabert@hachette-livre.fr – ☎ 01 43 92 32 52.

Écrivez-nous :
Aussi soigneusement qu'il ait été établi, ce guide n'est pas à l'abri des changements de dernière heure, des erreurs ou omissions. Ne manquez pas de nous faire part de vos remarques. Informez-nous aussi de vos découvertes personnelles, nous accordons la plus grande importance au courrier de nos lecteurs :

Guides *Un Grand Week-end* – Hachette Tourisme
43 quai de Grenelle – 75905 Paris Cedex 15
E-mail : weekend@hachette-livre.fr

Crédit photographique

Intérieur
Toutes les photographies de cet ouvrage ont été réalisées par **Jean-Christophe Godet,** à l'exception de celles des pages suivantes :

Yoann Stoeckel : p. 1, 2, 3 (ht d., c. g., b. d.), 6 (ht d.), 7, 8 (ht d., b. d.), 9 (ht g., ht d.), 10, 13 (b. d.), 18, 24 (ht), 27, 28 (b. d.), 29, 30, 31 (ht d.), 32, 33 (ht g.), 35 (ht d.), 36, 37 (b. c.), 41, 43 (c.), 45, 53 (ht d., c. d.), 64 (ht d.), 67 (ht d.), 70, 72 (ht d., c. d., c. g.), 74, 75 (ht g.), 76 (ht g.), 77, 78, 79 (ht g., ht d.), 80, 81, 88 (ht g.), 89 (ht d.), 91 (b. d.), 92 (ht g., b. d.), 93 (ht d., b.), 94 (ht d.), 95, 96 (ht g., ht d.), 97 (c. g.), 102 (b. g.), 104 (ht g.), 108 (ht d.), 109, 110 (ht d., b. g.), 118 (ht g.), 120 (ht d., c. d.), 125 (ht g., ht d.), 129 (ht d.), 138 (ht g., ht d.).

Romain Boutillier : p. 112 (ht. g.).

© **Jean-Philippe Follet** : p. 9 (b. d.), 40, 123 (c. d.), 125 (c. d.). © **Nemzeti Táncszínház** : p. 11 (c. d.). © **Sziklakórház** : p. 15 (c. d.). © **KOGART Archives** : p. 31 (b. g.). © **T photography/Shutterstock** : p. 62 (ht g.). © **Aija Lehtonen/Shutterstock** : p. 66 (ht d.), 119. © **Macesz Huszár Jewish Bistro** : p. 79 (c.). © **Bujnovszky Tamas/Nanushka** : p. 89 (c. g.), 90 (c. g.). © **Retrock** : p. 89 (c.), 99 (ht g.). © **Bartha** : p. 92 (h. d.). © **Rózsavölgyi Csokoládé** : p. 108 (ht g., b. g.). © **posztos/Shutterstock** : p. 112 (ht d.). © **Photothèque Hachette Livre** : p. 113 (ht d.). © **L'Occhio di Stile** : p. 120 (c. g.), 121. © **Márk Somay/Dobló** : p. 122, 123 (ht g., ht d.). © **Művészetek Palotája** : p. 126 (c. d.). © **Camelia Varsescu/Shutterstock** : p. 128 (ht d.).

Couverture
Toutes les photographies sont de **Yoann Stoeckel,** à l'exception, sur le plat 1, du visuel principal : **© Vacclav/Shutterstock.**

Édité par Hachette Livre (43, quai de Grenelle, 75905 Paris Cedex 15)
Imprimé par Polygraf (Capajevova 44, 08199 Presov, Slovaquie)
Achevé d'imprimer : novembre 2014
ISBN : 978-2-01-396100-4 – 35/8893/3
Dépôt légal : novembre 2014 – Collection N°44 – Édition : 01

UN GRAND WEEK-END

- Amsterdam
- Athènes
- Barcelone
- Berlin
- Bruxelles
- Copenhague
- Dubaï et Abu Dhabi
- Dublin
- Édimbourg
- Fès, Meknès
- Florence
- Genève
- Istanbul
- Lisbonne
- Londres
- Lyon
- Madrid
- Marrakech
- Marseille
- Milan
- Montréal
- Naples
- New York
- Paris
- Prague
- Rome
- Saint-Pétersbourg
- Séville
- Singapour
- Stockholm
- Venise
- Vienne

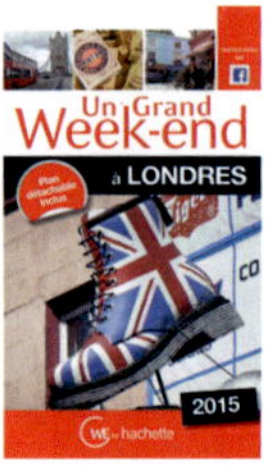

weekend@hachette-livre.fr
www.facebook.com/GuidesUnGrandWeekend